周微微◎著

大学生领导力培养与实践

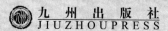
九州出版社
JIUZHOUPRESS

图书在版编目（CIP）数据

大学生领导力培养与实践 / 周微微著. -- 北京：
九州出版社，2023.9
　ISBN 978-7-5225-2123-7

　Ⅰ.①大… Ⅱ.①周… Ⅲ.①大学生—领导能力—能
力培养—研究 Ⅳ.①G645.5

中国国家版本馆CIP数据核字（2023）第169098号

大学生领导力培养与实践

作　　者	周微微　著
责任编辑	王文湛
出版发行	九州出版社
地　　址	北京市西城区阜外大街甲35号(100037)
电　　话	（010）68992190/3/5/6
网　　址	www.jiuzhoupress.com
印　　刷	三河市九洲财鑫印刷有限公司
开　　本	787毫米×1092毫米　　16开
印　　张	12.25
字　　数	180千字
版　　次	2023年10月第1版
印　　次	2023年10月第1次印刷
书　　号	ISBN 978-7-5225-2123-7
定　　价	69.80元

前　言

　　一直以来，大学生都在国家建设和民族复兴中扮演着重要角色，是不可或缺的人才后备资源，是进一步加快社会变革步伐的核心力量。社会的飞速发展对大学生的领导力提出更高的要求，是否拥有领导力逐渐成为评价人才强国战略有效落实的依据。高校始终是人才培养的主要阵地，在重视教授大学生理论知识的同时，还应该强调领导素质的培养与提高。这一举措与国家的素质教育导向保持高度统一，是深度贯彻国家人才战略的有效措施，是维持社会稳定发展的重要前提，也是实现大学生全面发展的基础条件。只有这样，才能充分满足日益多样化的人才需求。

　　现在，大学生迎来新的时代，无论是经济的高速发展还是科技的进步，都为大学生的全面发展提供了更多的机遇和平台。在全球发展一体化的今天，各行各业之间的边界逐渐消失，跨界发展趋势日益明显。作为大学生，除了掌握行业领域的理论知识和基础技能以外，还应培养团队协作能力，具备一定的团队领导力，通过团队协作来提高组织凝聚力，实现共同发展目标。少年强则国家强，这是亘古不变的真理。目前，中国在世界上有很高的知名度，无论是国力还是经济发展程度，都跻身世界前列。随着全球经济一体化发展的持续推进，我国大学生要明确自身的责任和义务，为中华民族的伟大复兴做好准备，为世界发展一体化贡献力量，为人类文明社会的可持续发展贡献力量。大学生要敢于接受挑战，承担重任。在这个过程中，大学生应学习丰富的理论知识，掌握核心的先进技术，锻炼耐心和毅力，同时应培养团结协作的能力，重视改革与创新，进一步提高个人的团队领导力。

　　高层次素质教育人才的培养是当前社会背景下的重要任务，也是国内高校亟须完成的人才培养目标。对比大学生其他素养，领导力通常表现出更高的层次，只要大学生具备较强的领导力，必然会正向影响其他素质的形成与发展。在当前社会背景下，人才逐渐成为推动经济社会发展进程的关键要素，是提高教育水平的核心力量，也是早日完成我国第二个百年奋斗目标的先决条件。总而言之，高素质人才和领导精英的培养与发展势在必行。

鉴于此，笔者撰写了《大学生领导力培养与实践》一书。本书阐述了领导力的内涵、大学生领导力的本质特征与构成要素、影响大学生领导力的关键要素、大学生领导力培养理论基础、大学生领导力培养资源与路径、大学生领导力培养体系的构建、当代大学生领导力培养实践探究。

笔者在撰写本书的过程中借鉴了许多专家和学者的研究成果，在此表示衷心感谢。由于本书研究的课题涉及的内容十分宽泛，尽管笔者在写作过程中力求完美，仍难免存在疏漏，恳请各位专家批评指正。

目　　录

第一章　大学生领导力综述

培育大学生的领导力，有助于高校履行立德树人的使命，有助于思想政治教育工作创新，能够把外在的世界观、人生观和价值观塑造转化为大学生成长的内在动力，是领导力理论在大学生群体的拓展运用。本章重点探讨大学生领导力的理论来源、内在构成、特点及规律。

第一节　领导力的内涵

一、领导的内涵

为了更好地理解领导力，我们先要知道什么是领导。这里所说的领导（lead）和领导力（leadership）是不同的，领导指的是一种行动，领导力是领导行动过程中表现出来的一种特定的能力。[①]目前，对领导的定义众说纷纭。学者们对"领导"的定义可分为以下几类：①领导是影响人们为自动达成群体目标而努力的一种行为；②领导是对一个组织起来的团体为确立目标和实现目标所进行的活动施加影响的过程；③领导是领导者和追随者之间有影响力的一种关系；④领导即行使权威与决定；⑤领导是一个人所具有的并施加于别人的控制力；⑥领导是一门促使其下属充满信心、满怀热情地完成他们的任务的艺术。以下是关于领导的几种有代表性的定义：①人际影响力，贯穿所有指向目标实现的沟通。②影响力的不断累积，超越对指导和命令的机械性服从。③一种行动，促成他人朝共同的方向行动或响应。④影响他人的艺术，劝服或要求他人

---

①傅剑波，屈陆，杨明娜. 大学生领导力[M]. 北京：中国人民大学出版社，2018：4.

遵循一系列行为规范。⑤激励和协调组织实现目标的主要动力。⑥一种意愿，敢于承担责任。

领导是一种影响。领导者并不一定有官衔，也不一定是权威，但一定要有影响力。领导过程就是对他人和事物施加影响，并通过这种影响改变他人和事物，进而达到领导的目的。从这个意义上讲，任何人只要能够通过自己的努力影响他人和事物的进程，并产生一定的效果，就可以说其实现了领导过程。

领导是一门科学。领导者所进行的领导过程总是针对相应的追随者。由于追随者总是复杂的、千差万别的，领导者要取得一定的领导效果，就必须研究在人与人之间产生影响效果的规律。从这个意义上说，领导力是一门关于如何产生良好人际关系的科学。实际上，作为行为科学的一个重要分支，领导学也是组织行为学中最重要的领域之一，其研究极为广泛，成果极其丰富。因此，深入研修和掌握这门科学，对获得卓越的领导效果是十分必要的。

从上述定义中可以看出，领导这一过程更多表现为一种影响、一种引领、一种激发，即追随者更有热情、更加有效地实现共同的目标。这种影响、引领及激发的行动过程是领导者、追随者及情境因素三者之间的互动过程，主要包括三个层面的互动：领导者自我互动、领导者与追随者互动、领导者与情境互动。

领导者自我互动是指领导者不断审视自我，批判自我，超越自我，是"今天的我"与"昨天的我"的对话与互动，实现自我反思、自我扬弃和自我超越，简单来说，就是领导自我，不断完善自我，追求卓越。

领导者与追随者互动是指实现二者的有效沟通，领导者的思想、愿景能够准确地被追随者接受，追随者的思想、行为状态也能准确地传递给领导者，从而实现相互信任。

领导者与情境互动是指领导者不仅能够准确认知和洞察环境变化可能给组织、成员及自身带来的影响，还能及时采取行动应对和适应可能的变化，以便更好地调整和实现既定目标。

我们采用的是领导的广义上的定义，即领导是在一定条件下指引和影响个人或组织实现特定目标的行动过程。其中，实施指引和影响的人称为领导者，接受指引和影响的人称为被领导者，一定的条件是指所处的环境。领导的本质是人与人之间的一种互动过程。

二、领导力内涵的阐释

（一）领导力的定义

伯恩斯（J.M.Burns）认为，领导力是指领袖劝导追随者为某些目标而奋斗，而这些目标体现了领袖及其追随者的共同价值观和动机、愿望和需求、抱负和理想。库泽斯（J.Kouzes）认为，领导力是领导者激励他人自愿在组织中做出卓越成就的能力。杜伯林（A.J.DuBrin）认为，领导者的魅力涉及领导者自身的人格感召力，也涉及领导者能否鼓舞追随者的士气，激发追随者追求高境界的理想，善于运用各种激励手段，并提供真正个性化的关心、支持和帮助，概括起来就是理想化影响（idealized influence）、鼓舞性激励（inspirational motivation）、智慧型刺激（intellectual stimulation）和个性化关怀（individual consideration）。

沃伦·本尼斯（Warren G.Bennis）虽然没有直接定义领导力，但是他强调领导力包含六大要素，即人格、创造能够促生智力资本的社交结构、坚定的信念、建立和维持信任、乐观精神、能带来成功的行动。

第一，领导力与人格有关。人的性格会不断变化，成为领导者的过程和个人品格逐渐完善的过程十分相近。本尼斯列举了世界上大多数组织用来评估经理人的几个典型标准，即技术能力、人际能力、概念能力、业绩记录能力、鉴赏力、决断力和人格，其中决断力和人格最难确定、测量和培养。尽管我们知道它们是如何形成的，但仍然不知道该如何让一个人改善决断力和人格。从某种程度上讲，这种观点似乎印证了领导特质理论关于领导者具有一定天赋能力的看法，但是其他要素完全可以后天培养。

第二，要想让组织保持竞争力，领导者必须创造能够促生智力资本的社交结构。对当今的组织而言，最重要的就是理念、创新、想象力和创造力，即智力资本。领导者的一个重要任务就是不断创造和推动互尊、互爱、互信的文化和组织架构，以实现智力资本的不断积累和成长。

第三，坚定的信念对于目标的达成、愿景的实现，甚至激情的释放，都具有不可估量的重要意义。领导者最重要的任务就是设定目标和指引方向，这里所说的目标和方向必须能够引起追随者的共鸣，具有一定的意义，还要与追随者有切身的关联。事不关己的目标是没有意义的。

第四，真正的领导者能够用自己的乐观精神——有时甚至是毫无依据的乐观精神，将员工吸引到自己的愿景中。领导者都是希望的传播者。也有人说领导者是"贩卖希望的商人"。

根据众多研究者对领导力的定义，我们把领导力的核心内涵概括为四个关键要素，分别是愿景、信任、激发、影响。

一是愿景。领导要想取得成功，一个阐述得清清楚楚的愿景或者方向是最关键的要素之一。这个愿景是组织所有成员广泛认可的共同目标、共同利益，也可以说是所有成员共同的梦想。通过它可以将所有成员的专注力集中在一起，不仅能够统一思想，还能够统一行动，做到心往一处想，劲往一处使。所有成功的组织不仅要有一个明确的使命或者目的，还必须有一个得到广泛认同的愿景，二者缺一不可。

二是信任。信任是人与人之间有效沟通的基础，领导者与追随者之间的相互信任是提升领导效能的关键因素之一。如果领导者描绘的愿景得不到追随者的信任，组织的专注力和行动力就不可能统一，再美好的愿景也只是"水中月，镜中花"；如果追随者的工作能力得不到领导者的信任，领导者与追随者之间的合作关系必然会逐渐疏远，甚至终结。在互动过程中，领导者与追随者的价值观是否一致、行事风格是否契合、品德修养是否接近，都是影响双方能否建立信任的重要条件。只有在信任的前提下，领导者的参照权、专家权才有可能对追随者产生作用。

三是激发。如前所述，领导与管理最大的区别是领导是让追随者心甘情愿地去努力实现目标。要做到使追随者心甘情愿，必然要让其认识到实现组织愿景与实现个人目标高度统一，意识到完成工作目标的过程就是自己不断成长的过程，也是实现自身价值的机会。领导者要让追随者从内心深处产生强劲的驱动力，实现自我成长、自我超越，以做出卓越成就。

四是影响。领导者对追随者的作用不是通过命令、强制，而是通过引领、指导、吸引等方式来实现的，本质上是一种影响。这种影响是通过追随者认同、接受来实现的，而不是强制或命令的结果。

综上所述，我们把领导力定义为：领导力是创建愿景、赢得信任、激发成就的互动影响力。其中，"创建愿景"是指创造性地设定领导者与成员共同认可、共同期盼、共同向往的一个梦想；"赢得信任"是指领导者要与成员建立稳固的关系，从结构、体系方面构建双向信任；"激发成就"是指领导者要善于激发成员做出卓越成就，让他们实现不断成长与自我超越；"互动影响"是指领导者与追随者之间通过引领、指导、吸引等方式产生影响。

（二）领导力作用过程的主要特征

第一，领导力作用过程具有多层性，包括个体层面、群体层面和内外层面。从个体层面来说，领导力作用是领导者与追随者之间相互影响的过程，正是每个具体的领导者与具体的追随者之间互动影响，才形成目标一致的行为系统。从群体层面来说，组织中所有能够对组织情境和追随者产生影响的群体构成领导者群体，这个群体构成组织的决策系统和领导系统；与之对应的是，这个领导系统指挥和影响的群体构成追随者系统。由于群体内部成员之间利益相关性的差异，这两类群体之间的作用过程与个体之间的作用过程呈现出不同的特征。从内外层面来看，领导者个体和领导者群体在面对组织内部群体、个体、情境等因素的同时，会受到组织外部各种环境因素的影响，只有把内部因素和外部环境有机结合起来，做到内外协调，才能发挥领导力的作用。

第二，领导力作用过程具有动态性。一方面，领导力各因素本身具有动态性。领导者会根据新的外部环境调整内部因素，也会主动引领内部组织变革和创新去应对未来的新挑战，还会主动传递动态信息并进行制度安排，对成员开展培训，激发组织内部主动创新；成员会为实现职业成长和自身价值而不断提升自己。这一切改变受外部因素的影响，更重要的是，这种动态改变往往有其内生的动力。另一方面，领导力各因素之间始终要保持一种动态平衡。要想高效率地实现组织目标，各因素在作用与反作用之间必须保持协同，否则就会产生内耗。领导力各因素中任何一个因素的变化都会带来新的动态平衡。领导者无论是对群体还是对个体的改变，都会促使追随者（成员）和组织情境做出相应的调整。即使在比较稳定的领导情境中，也会因为领导者、追随者和组织任务的变化而促使制度、流程等方面做出调整。各因素会在其他因素变化的基础上动态改变。

第三，领导力作用过程具有循环性。在领导力作用过程中，领导者通过建立和改变领导情境，营造更好的组织文化氛围，用统一的价值观念来凝聚组织成员的思想和目标，进而统一行为；推动组织成员对领导者、组织的认同和信任，使组织成员更加认同领导者的权威；推动领导者的作用进入新的层次。组织成员队伍的壮大或者萎缩，反映了成员对领导者和组织情境认同度的高低，这些正向或负向的力量与领导者和组织情境形成平衡或者失衡的状态，推动领导者和组织情境更好地与组织成员匹配，推动组织成员认同度提升。得到领导者、组织成员的反馈后，组织情境的调整会更好地推动组织情境本身不断完善。个体因素与群体因素之间同样如此，领导者个体的改变会不断融入领导者群体的改变中，当改变的力量足够强的时候就会引起组织情境的调整，反之又会促进领导者个体的适应性调整。由此可以看出，领导力作用过程中的因素无论怎样调整变化，通过其他因素的连锁反应，最后都会回到因素本身，并且通过循环实现动态平衡。

（三）领导力作用机理

由领导力的定义可知，领导力作用的过程不仅需要领导者与成员、成员与成员精诚团结，还需要领导者把梦想与成员当前的实际工作紧密联系起来，让成员真切地感知到实现梦想的意义——不仅是长期的意义，还有短期甚至当下的意义。通过这种意义感、使命感激发成员取得卓越成就，让他们实现不断成长与自我超越。而要想让成员全心全意地付诸行动，还需要领导者与成员建立稳固的关系，从结构、体系方面构建一个稳定的系统，将领导者与成员的努力按照特定的组合方式凝聚在一起。领导者与成员、成员与成员之间还必须建立双向信任，确保每一个成员相信通过自身和团队其他成员的共同努力，能够实现组织和个人的梦想，并通过行动把梦想变为现实，将梦想转变成组织和个人的成就。

在这一过程中，领导者和成员首先要对自身、对方和情境有充分的认知，在认知的基础上才可能创造出彼此信任、相互认同的共同愿景。这样的共同愿景会对组织中的所有人产生吸引力，激发他们的内在动力，进而产生强大的行动力，在遇到困难、压力和挑战时成员才能坚定不移地坚持下去，实现从梦想到成就的转化。因此，在领导力作用过程中，遵循认知、信任、创造、激发、行动、坚持等传导过程，并在不断的循环中实现领导力的传导，具体来讲可以分为六个步骤：一是认知情境，洞察先机；二是传播魅力，连接信任；三是创建愿景，凝心聚力；四是赋予意义，激发动力；五是构建体系，协调行动；六是实现成就，持续进化。这六个步骤涉及的两大主体是领导者和成员，连接领导者和成员的核心是事业、愿景，实现领导者与成员之间关系持续的关键是把愿景转化为成就。愿景与成就之间的差异既是领导者与成员需要共同努力的目标，也是领导者与成员需要承受的压力。这不仅需要领导者与成员通过努力来实现目标，更需要领导者具有足够的信心、勇气和坚定的毅力，带领团队在实现梦想的征途上披荆斩棘，克服重重困难，最终成就梦想。

第二节　大学生领导力的内涵与特征

一、大学生领导力的内涵

（一）大学生领导力的概念

人的价值观、人生观及世界观对人的生存和发展至关重要，也是人们获得领导力的关键要素。只有人的三观正，才能清晰指明领导力的方向，让人们在生活中获得力量，提高人们的领导能力。从相反的角度来讲，假如人的三观不正，就无法指明领导力的方向，领导力的形成也就没有肥沃的土壤和良好的环境。[①]大学生是国家未来建设和发展的接班人，从青年人的角度来说，大学生的生活环境表现出独有的特征，如正式离开原生家

---

①杨海燕. 大学生领导力[M]. 北京：中国言实出版社，2022：8.

庭，远离家乡和亲人外出求学，高校和社会环境对他们的生活和学习产生一定的影响。此外，大学生的年龄一般在二十岁左右，正是价值观、人生观及世界观形成的重要时期，并且是在外部环境和内部因素的共同影响下逐渐形成的，只要形成很难被改变。由此可见，领导力的形成与提高应该引起各高校的重视，发挥高校教育在大学生领导力培养方面的重要作用，帮助大学生形成较强的领导力，为其今后的职业发展奠定基础。

什么是大学生领导力？其定义可简要阐述为：大学生身处大学校园内，在日常学习和社会实践中形成的，能够积极影响他人行为、情绪或思想的能力。大学生领导力的形成与提高对大学生未来的职业发展至关重要，是其不可或缺的能力素质之一，也是大学生实现全面发展的重要前提和核心要素。大学生领导力的形成主要受到外部因素和内部因素的综合影响，外部因素指的是高校及社会环境，内部因素则是大学生个人的思想和素质。

影响大学生价值观、人生观和世界观形成与发展的因素有很多，主要包括两个方面：一是社会环境及高校环境对大学生领导力形成所造成的影响，二是大学生个人对领导力培养的认可和接受。大学生要在学习和实践中培养积极影响他人的能力，这样才能形成科学的人生观、世界观和价值观，才能为领导力的发展和提高指明方向并提供路径。就大学生领导力而言，其与领导能力之间存在密切关联。换句话说，领导能力应归入大学生领导力的理论范畴内，相对来说，大学生的领导力范围更加宽泛。大学生领导力的形成与培养需要两个前提条件，一是要求大学生具备一定的领导能力，二是大学生的思想和品格能够对周围的人产生积极的影响。

随着教育改革进程的不断推进，各大高校纷纷围绕立德树人的办学宗旨展开一系列教育教学活动，将大学生领导力培养视为当前时代高校教育的内在要求，转变高校办学思想理念，展开深入的政治教育，为大学生人生观、世界观及价值观的形成提供载体和平台。不得不说，这一举措能够实现国家建设、社会发展与大学生健康成长的深度融合，具有重要的现实意义和研究价值。从根本上来讲，无论是大学生思想政治教育还是社会实践，或者大学生学科专业教学，都与大学生领导力的形成与发展有着密不可分的联系，有助于大学生清晰且明确地认知外部世界，从而培养个人的思想和素养。大学生领导力的形成对当代大学生提出新的要求。积极参加校内社团组织，在班级内竞选干部，主动到校外企业单位进行社会实践，这些都能帮助大学生培养领导力。担任学生干部能够让大学生产生团队意识，了解组织团队建设对完成任务的重要性，明确自身的价值追求和发展方向，通过工作实践来增强个人能力，塑造健康的品格，提高法治能力和自主能力。只有做到这些，大学生领导力才能得到显著提升，从而为大学生全面发展夯实基础。

大学生领导力的形成也对当代大学生提出更高的要求。大学生应该在生活和学习中以身作则，严于律己，在社会实践中展现出良好的领导特质，通过领导行为对周围的人产生积极的影响。大学生领导力可以理解为当代大学生必须具备的领导力，并非只有大学生干部才能拥有，而是面向所有大学生的。从领导力的作用来说，通常表现出双向性和关联性，如果失去追随者的拥护和尊重，那么学生干部的领导力就丧失了基本的意义和价值。此外，大学生个体的领导力能够汇聚成集体领导力，一旦失去个体的领导力，那么群体领导力也就不复存在了。换而言之，高校党组织的领导力是大学生个体领导力在团队方面的集中表现，后者是前者的重要前提条件，两者之间相互关联、相互影响、相辅相成。由此可见，各高校应重视大学生个体领导力的形成，鼓励大学生在社会实践和校园学习生活中树立崇高的理想信念，培养良好的道德修养，提高创新和创造能力，发散思维，通过与其他学生的互动和沟通来提高自身的领导力。

（二）大学生领导力的核心要素

大学生领导力包含六个核心要素，即认知力、信任力、创新力、激发力、执行力、坚毅力（如表1-1所示）。

表1-1 大学生领导力的核心要素

认知力	包括判断力、洞察力、远见力、学习力、专家力、系统思考等
信任力	包括自信、乐观、诚信、正直、勇气、责任感等
创新力	包括想象力、原创力、整合力、连接力、创建愿景、开放思维等
激发力	包括赋予意义、激发成长、授权赋能、情绪共鸣、鼓舞人心、关心他人等
执行力	包括构建体系、调整结构、以身作则、精力充沛、转化转换、协调冲突等

大学生领导力 的核心要素	核心要素的构成
坚毅力	包括定力、承受力、毅力、复原力、挑战性、勇于担当

大学生领导力的六个核心要素不是独立存在的，而是彼此关联、互为支撑、相互影响的整体，离开任何一个要素，其余要素都难以持续。其中，认知力、信任力、坚毅力更多表现出静态特征，属于领导者和团队的某种状态，是阶段性的持续积累，具有一定的惯性和稳定性；而创新力、激发力、执行力更多表现出动态特征，属于领导者与追随者之间的相互影响，是间断性的推动力。这两种类型的力量相互融合，相互转化，相辅相成，成为推动领导力不断进化与迭代的核心原动力（见图1-1）。

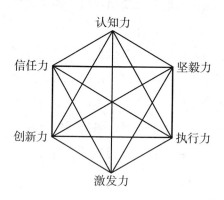

图1-1　大学生领导力彼此关联、互为支撑

1. 认知力

认知力包括判断力、洞察力、远见力、学习力、专家力、系统思考等。第一，认知力代表感知能力，即认知自己、认知成员、认知组织、认知世界的能力，这种能力既代表对发展大势的判断，也代表对细节的洞察，还代表对未来发展规律的把握。认知力越强，感知能力越强。第二，认知力代表学习新知识的能力和速度，表现为知道如何着手，如何更有效率地学习并获得新知识，如何快速提升自己。认知力越强，学习能力越强，学习效率越高。第三，认知力代表用知识解决问题的能力，通常表现为某方面的专家力。认知力越强，专家力越强。

2. 信任力

信任力是指获得信任的能力，包括自信、乐观、诚信、正直、勇气、责任感等。信任力的内涵包括三个方面：第一，信任力代表自信程度，是对自己带领团队实现目标是否有足够的信心。信任力越强，对自己的信心越足。第二，信任力代表对团队实现未来愿景与目标的信任程度和该愿景与目标吸引力的大小。第三，信任力代表追随者对领导者个人品质的认可程度。信任力越强，追随者对领导者个人品质的认同度越高；信任力越高，追随者越具有这种可贵的品质。

3. 创新力

创新力包括想象力、原创力、整合力、连接力、创建愿景、开放思维等。创新力的内涵主要包括三个方面：一是对未来方向、愿景的创造性设计能力，即能够在充分把握组织成员价值观、群体心理状态的前提下，创造性地对未来愿景和梦想进行设计，使之与组织成员内心的期盼和向往紧密契合。创新力越强，设计愿景和梦想的能力越强。二是整合力，即通过对现有资源重新整合迸发出新能量，通过创造新的组合方式发现要素的新价值。创新力越强，整合力越强。三是连接力，即在对各种因素的变化保持敏感的基础上，善于用恰当的方式把这些变化与组织现实连接在一起，建立新视角，发现新问题，找到新方法。创新力越强，连接力越强。

4. 激发力

激发力包括赋予意义、激发成长、授权赋能、情绪共鸣、鼓舞人心、关心他人等。激发力的内涵主要包括三个方面：一是领导者与成员在互动过程中有效沟通的能力，即能够在领导者与成员之间实现信息的准确传递，并理解信息对自己的真正含义。激发力越强，有效沟通力越强。二是在互动过程中领导者影响成员情绪并与之产生共鸣的程度。激发力越强，情绪共鸣度越高。三是领导者引领成员的成长转化力。领导者不仅要让成员跟随其实现组织目标，更重要的是引领成员在完成目标的过程中实现自身成长和自我超越，完成自我蜕变与转化。激发力越强，成长转化力越强。

5. 执行力

执行力包括构建体系、调整结构、以身作则、精力充沛、转化转换、协调冲突等。执行力的内涵主要包括三个方面：一是善于将愿景与目标转化为执行体系与执行结构，确保愿景与目标在体系化、结构化的执行系统中顺利实现。执行力越强，建构力越强。二是领导者能够将自身融入已建构的系统中，以身作则，率先垂范，以充沛的精力投入实现愿景与目标的行动中。执行力越强，榜样力越强。三是领导者说到做到，雷厉风行，善于化解冲突与矛盾，确保团队成员高效率地实现组织目标。执行力越强，行动力越强。

6. 坚毅力

坚毅力包括定力、承受力、毅力、复原力、挑战性、勇于担当等。坚毅力的内涵主要包括四个方面：一是定力，代表思想、情绪与行动的稳定性，不会轻易受到外界干扰，也不会轻易改变，给团队以稳定预期。坚毅力越强，定力越强。二是意志力，即遇到困难、挑战与压力，不会轻易被打倒或压垮，坚持不懈，坚定不移，坚韧不拔。坚毅力越强，意志力越强。三是复原力，即能够快速从逆境、冲突和失败中恢复的能力。坚毅力越强，复原力越强。四是胆识，代表勇于承担责任，敢于担当，让成员做事没有后顾之忧。坚毅力越强，越有担当，越敢于担责。

综上所述，领导力是领导者、追随者与特定情境三者之间的互动关系，其中，领导者与追随者之间的互动是核心。在这一过程中，相互的信任、认知、创造、激发、执行、坚定形成一种交互影响的合力，领导者居于主动地位，领导者对追随者的影响更为积极主动。因此，对领导者而言，要想对追随者施加影响力和作用力，认知力是前提，信任力是基础，创新力是核心，激发力是关键，执行力是载体，坚毅力是保障。

（三）大学阶段是培养领导力的黄金时期

青年兴则国家兴，青年强则国家强。作为时代先锋的青年大学生，具有极强的可塑性、适应性、开拓性和进取心，是社会中极具潜力的力量，代表国家和社会发展的未来。大学生在大学阶段面临着由理论到实践的巨大跨越，不仅要通过系统学习提高自身的理论基础，更要善于团队合作、勇于社会实践，实现理论与实践的结合，在不断总结与反思中实现自我知识体系的构建和不断超越。这样的过程是反复凝炼的过程，是不断互动的过程，是持续激发的过程，既包括自己与思想的互动，也包括与同学、教师之间的互动，以及与环境之间的互动，在相互激发中不断提升自身的信心、知识和能力。因此，大学阶段是领导力培养和形成的黄金时期。

大学学习主要具有以下四个特点：

一是自主性强。大学生除了要学习基础知识外，还要掌握各种专业知识，逐步成为基础知识扎实、专业知识结构合理、能力强、创造性高、品行高尚的德智体美劳全面发展的高级专门人才。这就要求大学生必须自觉、主动地学习。同时，大学生可以根据自己的兴趣和爱好选择某些选修课程，阅读各种书籍，制订学习计划，采用适合自己的学习方法，体现出较大的自主性。大学生要认识到领导力学习与培养的重要价值，将领导力培养与课程学习有机融合，使二者兼顾，还能相得益彰。

二是多样性强。大学生的学习形式多种多样。在大学，虽然课堂教学还是主要形式，但学生可以通过多种渠道来获得知识。大学的实践性教学活动占有很大的比重。学生可以通过自学、讨论、听学术讲座、参加第二课堂等活动来获取知识，因此加强实验、实习、社会实践和科研等实践性的环节，都是大学生增长知识和才干的重要途径。实践是提升领导力的重要方面，社会实践的团队性质与学生培养领导力有着天然契合的特点，运用社会实践机会培养领导力，能让实践学习的多样性体现得更加充分。

三是探索性强。大学生的学习具有明显的探索和研究的性质。大学的教学内容由确定结论的论述逐步转向介绍各派理论观点和最新学术发展动向方面的知识，要求大学生的学习观念从正确再现教学内容朝汇集百家之长、形成个人见解的方向转变，具有明显的探索性，需要学生在学习理论知识、社会实践的基础上，探索并形成属于自己的一套知识体系和能力体系。这不仅要求学生具有较强的学习能力，而且需要学生认知和探索新知识、新方法、新路径，这种探索精神、创新能力、执行能力及知识体系化、结构化等过程本身就是领导力的重要内容。

四是参与性强。各大学为学生开设了大量的学生社团，这些社团为具有不同兴趣爱好的学生提供了探索更多领域的机会，并为学生通过社团训练与人沟通的能力，提升团队协作能力、决策能力、创新能力提供了良好的平台。在这些社团、学生会等学生组织中，实现组织目标的方式不是简单地靠职位或权力，很多组织甚至没有什么权力，要想让工作出色，必须更多地靠个人影响力来激发团队成员开展工作的积极性，这与在企业这类正式组织中影响团队的方式有很大区别。可以说，大学阶段的学生组织是有效培养和发挥大学生领导力的平台。

二、新时代大学生领导力的特征

新时代大学生领导力的主要特征包括崇高理想、专业知识、关注他人、品格作风和社会视野。

崇高理想是指大学生在思想意识方面与党和国家保持高度一致，对中国特色社会主义道路充满坚定的信念和热情的向往，对中华优秀传统文化怀有深厚情感，对中国特色社会主义制度优势有着深刻的认识。崇高理想体现为思想意识的先进，代表着大学生心系党和国家，关心社会发展。崇高理想是大学生领导力的首要特征，是大学生领导力的价值所在，是大学生领导力的灵魂和方向。

专业知识是大学生领导力的具体载体，也是内在优势，更是大学生领导力形成的基础。与其他青年群体相比，大学生有自己的所学专业，如法学、教育学、机械制造等，这些专业知识往往是社会所需要的，也是大学生迈向社会为组织创造价值的基础，大学生必须依靠自己的勤学苦练才能获得这些专业知识。这些专业知识的运用能够让大学生体会到专业知识的价值，感知自己专业学习的价值和个人的社会价值。

关注他人是大学生领导力的作用方式，是大学生领导力发挥作用的重要依靠。领导力的本质是积极影响他人的能力。大学生专业知识的运用，一方面要求自己具备熟练的专业知识，另一方面要把这些专业知识运用于具体的人和事，这些人是否接受专业知识的要求，就要求大学生在运用专业知识时必须考虑具体的人和事的特点和差异性，采取不同的运用方法。这个过程可以训练大学生从以自我为中心逐渐转变到关注他人的思维方式。

品格作风是大学生领导力的内在保证，也是大学生领导力的外在体现。品格作风是形象的、具体的，可以为人们直接感知。大学生的思想意识、专业知识和关注他人的表现，都可以通过阳光的心态、积极的情绪和主动的行为等方面体现出来。这种外在的品格作风能够赢得人们的认同，进而赢得发挥和展示自己能力的机会。另外，优良的品格作风又能够保证大学生专业知识运用取得良好的效果。

社会视野是大学生领导力提升的必然要求，也是大学生领导力不断创新发展的条件。虽然互联网已经高度发展，但从实际来说，一个高校的环境往往带有一定的封闭性，这就使得大学生的视野带有双重性，一方面很容易获得其他高校和社会的信息，有利于横向比较和学习；另一方面因为客观环境的影响，大学生也容易自我满足，从而限制自身的视野和格局，无形中限制自己的成长。开阔的视野能够为大学生领导力的提升提供无限的可能，提供成功的经验，提供进取的动力，为大学生领导力的持续发展提供必要的条件。

第三节 大学生领导力的构成要素

一、大学生领导力构成要素的分析

进入新时代以后，党对大学生的成长和培养提出更为严格的要求，不管是国家建设还是社会发展都离不开大学生的加入。大学生应明确党和人民对自己的期望，接受政治思想教育，积极参与社会实践，为了党的建设和社会发展做出贡献。大学生领导力的形成主要包括五个方面：一是参加专业的思想政治教育实践，二是参与不同学科专业的教学实践，三是快速融入不同的教育环境和社会环境，四是积极担任学生干部，五是参加各项创新创业活动。想要完成上述实践任务和目标，大学生必须具备一定的领导力，只有拥有了较强的领导力，才不会辜负党和人民的殷切期望，才能实现个人的自由和全面发展，才能为国家建设和社会发展带来源源不断的动力。

（一）新时代思想建设、政治参与实践和大学生领导意识

党对大学生的培养提供了大量的社会资源，希望大学生成为合格的社会主义建设接班人，在社会主义建设过程中发光发热，做出贡献。要想达到这一条件，大学生应接受思想政治教育，始终以习近平总书记提出的中国特色社会主义思想为指导思想，在政治行动方面逐渐向党中央和广大人民群众靠拢。从某些意义上来说，大学生之所以在大学期间加入中国共产党，或担任班级、院校的学生干部，或在政治生活中表现优秀，并非只是为了获得精神和心理上的满足，也不是为了将来更好地就业，他们这么做的目的只有一个，就是希望能够完善自我，将来在社会主义建设中实现自身价值，为党和国家事业的建设与发展做出贡献。现在，社会形态逐渐趋于复杂化和多元化，作为当代大学生，要接受党和人民对自己提出的思想政治方面的建议和要求，把握发展机遇，在社会和生活实践中不断完善自我，提高综合能力。只有这样，才能在不久的将来发光发热，展现自我，为中国特色社会主义的建设和发展奋斗终生。

（二）新时代人才竞争与大学生领导创新

从大学生教育的层面来讲，无论是教育意义还是教育方法都存在明显的区别。教育模式的不同直接影响教育对象，除了大学生自身以外，还应该强调社会、家庭及高校方面的协助教育，为大学生的职业发展指明前进的方向，引导大学生形成正确的人生观、世界观和价值观。我国能够在世界上表现出强大的影响力，在各个领域跻身世界前列，主要原因是各学科专业始终根据时代发展而产生重大的创新与变革，同时广大人民群众的创新与发展能力稳步提升。进入新时代以后，大学生应形成创新与变革意识，具备一定的创新和变革能力，不管其所学专业是理工科还是人文社科都要如此。从就业的角度来讲，如果大学生无法掌握创新变革技能和方法，必然对今后的核心竞争力造成负面影响，很难在社会主义建设事业中发挥较大作用。

（三）新时代环境适应和融入与大学生领导风格

当代大学生除了掌握理论知识以外，还应该具备一定的适应社会和环境的能力。究其原因，主要是因为大学生毕业以后就会进入社会，一下子从象牙塔出来再步入复杂的社会环境，这对于大学生的生存技能和发展

能力提出更高的要求。如果大学生无法在大学时期培养较强的适应社会环境的能力，一旦进入社会可能会面临无法适应的问题，甚至被社会淘汰。环境适应与融入能力的培养对大学生提出新的要求，进入一个新的环境以后，大学生要明确当前和今后的发展目标和方向，秉承严谨果断的工作风格，通过对周围人的关心和尊重来获得他们的认可，在各个方面对他人产生积极的影响，从而更好地适应不同的社会环境。总的来讲，当代大学生要将自身发展目标和国家建设目标保持高度一致，以良好的心态参与社会实践，关注社会发展的动态变化，积极融入其中，从而在社会主义建设事业中发光发热，实现自我价值。

（四）新时代学生干部工作实践与大学生领导思维

从学生干部工作实践的层面来讲，大学生参与学习实践和社会实践的前提条件，也是国家和社会培养优秀接班人的关键。学生干部工作实践是大学生培养领导力的重要载体和平台，应该引起高校、社会及国家的关注和重视。领导思维要求领导干部要比群众具备更强的创新能力和领导能力，大学生领导思维的形成与发展要求他们在实践中展现一定的领导效能，无论是学习还是工作，都需要体现明显的先进性。大学生如果想在学校里担任学生干部，就必须具备领导思维，从管理者的视角看待问题，提出最优的解决方案，为学生干部未来的职业发展奠定基础。

总的来说，大学生领导力的影响要素包括五个方面：一是具备领导意识，二是形成领导创新思维，三是塑造独特的领导风格，四是拥有较强的领导能力，五是构建领导思维体系。

二、大学生领导力构成要素之间的逻辑关系

随着时代的发展和进步，大学生领导力的形成逐渐衍生出新的内在需求。从领导意识的层面来讲，主要负责统筹调整其他要素，为大学生领导力的培养指明方向，提出合理的目标。领导意识对于大学生领导力的形成能够发挥思想先导的作用，通过领导创新产生强大的驱动力，基于领导风格的塑造提供组织方面的支持和保障，借助领导思维呈现领导力的内涵，

最终为领导能力的提高创造条件。

（一）领导意识是思想先导

大学生的思想受到社会经济发展的直接影响，进而产生多元化的内在需求。作为大学生，应明确党领导一切的重要意义，并以此作为形成领导意识的基础条件。大学时期是大学生产生和树立个人思想意识的重要阶段，大学生应对党和国家提出的政策方针有明确的认知和理解，从而在社会实践和生活中形成正确的价值观、人生观和世界观，为大学生今后的职业发展奠定基础。

（二）领导创新是内在驱动

青年人先天具有一定的领导潜力，只是还没有被发现和挖掘。目前，社会发展趋于稳定，大学生必须通过创新得到外界的认可和肯定。大学生的内心渴望探索未知的事物，在创新变革方面具有明显的优势，只有好好利用这一点，才能通过领导创新增强大学生的内在驱动力。

（三）领导风格是组织保障

人们期望能够得到外界的肯定和尊重，希望在不同环境中展示自我、实现自我，大学生亦是如此。受到人类本性的影响与驱动，大学生会根据外界提出的需求形成极具个人特色的领导风格，在个人发展的每一个阶段都得到充分的体现，为组织建设与发展提供支持和保障。

（四）领导思维是根本标志

大学生在参与领导活动的过程中要扮演不同的角色，而影响这一行为的主要因素就是思维。大学生比较崇尚自由和个性，通过思维能力的培养，大学生可以在社会实践中展现各自的风格。大学生领导思维的需求无处不在，或体现在专业学科学习中，或体现在社会生活中，或体现在人际交往中。大学生对于个人领导思维的形成非常重视，通过借鉴成功者的经验和亲身实践得到启发，为自身领导思维能力的培养与提高给予有力的支持。

（五）领导能力是实践基础

随着社会的离散化发展，大学生开始意识到领导能力对自身发展的重要性。从社会生活的角度来说，大学生渴望在实践中培养自身的领导能力，进而形成固定的观念和思想，无论在现实生活中还是高校学习中，都得到了充分的体现。

第二章　影响大学生领导力的关键要素

第一节　政治品德与个人道德

一、坚定信念，追求崇高道德境界

（一）尊重传承，汲取优秀传统文化

首先，大学生要尊重中华优秀传统美德并主动传承。中华传统美德是中华文化的精髓，也是道德建设的不竭源泉，其中蕴含着丰富的美德伦理思想，学习和把握其精神要义对于新时代大学生道德素养建设，树立正确伦理道德观大有裨益。[1]

大学生道德培育和信念养成只有立足中华民族的优秀传统文化，才能保证其有自信、有底气。底气是指五千年文化积淀的历史厚重与文化气息，自信是指作为华夏子孙的文化自信。一旦脱离了中华优秀传统文化的滋养，大学生的道德培育和信念养成就成了纸上谈兵，会使大学生逐渐丧失骄傲与自豪感，使民族丧失自信心与凝聚力。

我国传统思想文化始终坚持个体道德素养的形成。以孔孟为代表的儒家思想强调以"仁"为核心，而"仁"又包括忠、恕、孝、悌、智、勇、宽、信、敏、惠等在内的道德准则与规范。程朱理学也将道德养成作为中心。"明人伦为本"，朱熹认为个人才能的发挥要以自身道德修养为前提，"圣人教人有定本。舜'使契为司徒，教以人伦：父子有亲，君臣有义，夫妇有别，长幼有序，朋友有信'"。中华文化源远流长，道德思想积淀深厚。总的来说，中国古代始终保持"德"在个人修养、教育教化中

---

[1] 杨海燕. 大学生领导力[M]. 北京：中国言实出版社，2022：35.

的重要地位，拥有丰富的实践经验，蕴含深刻的道德建设智慧。

其次，大学生应主动学习并接受红色文化的浸润。红色文化是中国共产党领导中国人民在追求民族解放、国家富强和人民幸福的长期征程实践中形成的文化资源，对大学生道德培育和信念养成影响深远。新时代青年大学生是国家的未来、民族的希望，正确引导青年大学生树立科学的人生观、价值观和世界观是高校立德树人的重要使命。中国共产党在领导人民进行革命和建设的漫长过程中形成和发展了很多优良的传统道德，如实事求是、艰苦奋斗、谦虚谨慎、戒骄戒躁、密切联系群众、全心全意为人民服务等，这些都是党和人民在不懈奋斗中形成的精神。如红船精神、井冈山精神、长征精神、延安精神、西柏坡精神等，都是革命先辈不畏牺牲、众志成城在硝烟战火中用生命书写的壮丽诗歌。红色文化不仅记录了战火纷飞岁月中革命先辈们的光荣事迹与光辉历程，还折射出革命先辈们的坚毅品德及人格魅力，是宝贵且富有时代价值的历史文化遗产。这些种类多样、感染力强、价值永恒的优良道德资源是大学生道德培育和信念养成的宝贵财富。

（二）榜样激励，引导大学生形成道德自觉

崇德修身，是为了更好地实现自我价值与社会价值。从时代新人的角度来讲，中国特色社会主义进入新时代要求当代大学生成为德、智、体、美、劳全面发展的先进力量。大学生不仅要做到明大德、守公德、严私德，更重要的是明确道德培育和信念养成的关键在于要将个人未来发展同社会主义中国的发展紧密联系。以学弘道，以知启德，当代大学生应当在实践与观察中注重道德的养成，形成正确的善恶观，追求真善美，抵制假恶丑。针对社会上存在的道德缺失、道德行为失范等不良现象，当代大学生要注重辩证思考，努力"扣好人生的第一粒扣子"。

第一，注重发挥榜样的力量。环境具有隐性的塑造作用。对于当代大学生来讲，在道德培育和信念养成上能够发挥关键作用的环境氛围包括家庭环境与校园环境，因此，注重家风与校风的价值导向是发挥榜样激励作用的外在前提。首先，培育良好家风应始终坚持将家与国的关系紧密联系在一起，积极培育爱国爱家、相亲相爱、向上向善、共建共享的社会主义家庭文明新风尚，倡导忠诚、责任、亲情、学习、公益的现代家庭新理念。其次，校风集中体现了学校的办学理念、精神价值和文化积淀。学校风气及校园环境积极向上、符合主流社会价值观、能够有效培养大学生核心价值观是教育的重要实践条件。良好的校风能够向受教育者提供更多思想价值指引，同时能够使高校的思想政治教育开展更加符合教育规律，提升育人和品德塑造功效。此外，良好的校风还能发挥道德榜样的引领作用。伟大时代呼唤伟大精神，崇高事业需要榜样的引领。作为担当民族复兴大任的时代新人，就要见贤思齐，弘扬正气，把榜样的精神境界和价值取向转化为自身的道德追求、道德行为，进而转化为推动社会文明进步的道德力量。

第二，强化责任、奉献、担当，引导大学生形成道德自觉。"天下兴亡，匹夫有责。"国家的发展、社会的进步和民族的振兴与每个人都息息相关。大学生是国家的未来、民族的希望，是推动中国特色社会主义事业发展的生力军。具备高度的责任意识、使命意识和担当精神，既是大学生成长与发展的动力和支撑，也是党和国家对大学生的要求与期待。高度的责任感和强烈的使命担当是一个人奋力前行的内驱动力。因此，大学生要强化责任担当，增强使命意识，培养家国情怀，理性看待成长境遇，从内心深处感受时代责任与使命，自觉"担负时代使命，在担当中历练，在尽责中成长"。此外，爱国与奉献是紧密相连的，将自己的人生奉献给祖国与人民是爱国的重要体现。对于大学生来说，奉献就是以深切的情怀和高度的责任担当为国家的发展、民族的复兴和人民的幸福贡献自己的青春和力量。因此，大学生要培育奉献意识，领会奉献的意义和价值，"将小我融入祖国的大我、人民的大我之中"，积极主动地为他人、社会和国家贡献自己的力量，在奉献中收获幸福与快乐，并实现自己的人生价值。

二、优良的政治品格作风

优良的品格作风是大学生领导者获得长久支持和拥护的道德保障，源于大学生的个人道德修养、学风作风和情商表现，是大学生领导力的深层次内生力量，促使大学生具有较大的个人魅力和影响力。源自大学生责任担当、胆识和毅力的品格素养，以及大学生学习力、创新能力等核心能力是大学生领导力在领导活动中的动态表现，是大学生领导力的价值与方法的有机统一，这契合了中华传统文化中德才兼备、以德为先的优秀人才评价标准。

进入新时代，爱国主义面临着意识形态斗争及价值观冲突加剧的诸多挑战。随着信息技术的飞速发展，网络社交媒体的年轻化、便捷化使得信息的传递愈来愈迅速，各种社会思潮的交锋也愈来愈普遍，愈来愈激烈。青年人如何在众多鱼龙混杂的观点中坚守初心，跟从主流引导变得越发有难度。而教育工作者，如何占领网络宣传高地，如何输出主流价值最强音变得越发重要。结合国内外发展形势，坚持爱国主义教育的理论性、主体性、正确性，坚持爱国意识沉淀的主动性、自发性及政治性是我们应当着重关注的问题。从大学生领导力的角度来讲，各高校在培养过程及效果评估过程中要将爱国情怀与爱国精神的践行度作为根本性的考评指标。为实现爱国主义教育的时代性、针对性和亲近性，我们应当注重从情感认同角度、价值辨析的角度和体验性的角度要求大学生。因此，要想成为合格的新时代爱国者，大学生要做到：树立正确的国家观，做到爱国、爱党与爱社会主义相统一；捍卫统一，铸牢中华民族共同体意识；休戚相关，树立人类命运共同体意识。

（一）树立正确国家观，做到爱国、爱党与爱社会主义相统一

了解是热爱的前提，因此，只有"知国"才能真正地爱国。大学生只有不断深化和丰富对国家的认知，才能保证爱国意识和爱国情怀不是无本之木、无源之水。一方面，正确地理解和认识国家的基本内涵、起源、职能、本质和发展趋势等是科学认识"国家"的理论基础。另一方面，大学生应加深对我国基本国情的了解。对于基本国情，当代大学生不应仅将认知停留在较浅显的层面，除了山川地貌、民族风情、文化底蕴、古迹名胜、珍禽异兽外，国家现行的政治制度、经济政策、人口社会发展瓶颈拐点及红利也应当成为大学生对基本国情的认知范畴。党的十九大报告明确指出，我国社会主要矛盾已经转化为人民日益增长的美好生活需要和不平衡不充分的发展之间的矛盾。人民生活的极大改善，物质文化的丰饶，社会生产力发展水平的提高，社会主要矛盾的深刻变化印证着新中国成立七十余载的筚路蓝缕。因此，大学生要理性看待我国现阶段的发展状况，理解社会主义发展的阶段性、不平衡性和长期性，正确看待我国在发展过程中存在的问题，拥护中国特色社会主义事业。

新时代的爱国主义情怀一定要坚持爱国、爱党与爱社会主义相统一的政治前提。《中华人民共和国宪法》明确指出："社会主义制度是中华人民共和国的根本制度，中国共产党领导是中国特色社会主义最本质的特征。"只有坚持爱国、爱党与爱社会主义相统一，爱国主义才是鲜活的、真实的、符合时代要求的。历史与实践证明，没有共产党就没有新中国。是中国共产党带领中国人民浴血奋战、向死而生，推翻了压在中国人民头上的"三座大山"，建立了一个崭新的没有剥削与压迫的新中国；是中国共产党建立了社会主义制度，完成了"三大改造"，使人民能够吃得饱穿得暖，能够有尊严有意义地活着；是中国共产党坚持实事求是，实行改革开放，带领人民群众走上中国特色社会主义道路。历史和实践证明，只有中国共产党有信心、有能力面对复杂的国际国内形势。中国的社会主义不是一句空洞的口号，而是代表、反映和实现国家、民族和人民的根本利益。社会主义制度才能建立和完善，它为中国的繁荣发展提供了坚实的制度保障。因此，在当代中国，爱国主义的本质是坚持爱国主义、爱党、爱社会主义的高度统一。

（二）捍卫统一，铸牢中华民族共同体意识

捍卫国家统一，铸牢中华民族共同体意识也是新时代爱国者应当坚持的价值理念。从历史发展的角度来看，最终实现国家的统一符合中华民族发展的历史规律与总体趋势。从现实层面来看，只有真正实现了国家的统一，才能充分发挥"集中力量办大事"的制度优势，才能集聚整合资源，有效协调各方行动。

首先，要认识到台湾是中国的一部分，两岸统一是历史大势。实现两岸统一既是大势所趋，又是民心所向。随着中国特色社会主义进入新时代，中国特色社会主义经济蓬勃发展，中国特色社会主义文化积聚能量，在各方面条件变得更加充分的前提下，实现祖国统一的夙愿终将在可见的

未来实现。

其次，坚持"一国两制"，抵制分裂活动。大学生要始终准确把握"一国"和"两制"的关系。"一国"是根，根深才能叶茂；"一国"是本，本固才能枝荣。因此，大学生深入理解"一国两制"，坚持理性爱国，是坚持社会主义价值取向，做合格时代新人的必然要求。

最后，增强民族向心力，铸牢中华民族共同体意识。民族与国家紧密相连，密不可分，是国家得以形成与发展的基础。我国是一个拥有56个民族的统一多民族国家，各民族同根同源，不可分割。中华民族伟大复兴的中国梦要始终依靠各族人民在具体实践和生产发展中守望相助、共同努力。增强各民族间的心理认同，铸牢中华民族共同体意识是实现民族团结、化解风险矛盾的保障。只有中华民族大家庭的各个成员增强互信与情感认同，才能真正实现中华民族的繁荣强盛。因此，大学生要深化对家国的认知，注重民族观的培养，坚定支持国家政策，坚决维护民族团结，真心热爱中华民族。在复杂多变的时代背景下，大学生只有通过树立正确的历史观、民族观、国家观、文化观，培育铸牢中华民族共同体意识，才能增强对中华民族的认同。

（三）休戚相关，树立人类命运共同体意识

大学生要在坚守民族精神的同时与世界接轨。国家是最大的组织形式，只有国家建设与发展才能切实为民族利益提供保障，这是亘古不变的真理。国家的国际影响力越大，就能为国民带来更多的社会资源，从而在日益激烈的国际竞争中占据有利地位，让人民获得幸福感和荣誉感。

"十四五"期间，我国在应对日趋复杂且不稳定性、不确定性明显增加的国际环境、威胁世界和平与发展的多发因素等特殊情形下，应大力推动构建人类命运共同体。推动人类命运共同体的构建要在危机中寻先机，于变局中开新局，蹄疾步稳，走深走实。新时代大学生要具备宽广的胸怀与全球视野，了解我国当前的国际地位及我国为世界发展所做的积极努力和贡献，以及我国在全球化浪潮中的发展境遇。此外，大学生要把推动人类文明进步与维护人类共同利益作为奋斗目标，并不断为此贡献中国智慧与中国方案，从而赢得世界人民的赞赏、支持与拥护。

第二节　思维能力与创新精神

一、独立敏锐的思维能力

大学生领导力的形成与发展并非一蹴而就，首先会受到多方未知变量的影响，这种影响的不确定性会导致不同个体、不同情境下的表达动态性。其次，大学生领导力从培养到养成再到指导实践是一个漫长的过程，不论是从个体能力的习得，还是尝试运用自身的影响力去施加影响，对组织产生有益的正向改变，都需要大学生在不断学习试错的过程中精进。最后，领导力绝非单独的理论知识点，而是构成完备的知识体系，它不仅要求大学生具有较高的领导力知识储备、领导技能的熟练应用，还要有实践经验的积累。从上述三个方面我们能够发现，大学生领导力的培养是一个动态、机动性强的培养过程，所以，养成独立敏锐的思维能力是大学生领导力培育与体现的个体化特质。形成独立敏锐的思维能力，我们可以从正确认知和构建思维能力两个方面入手。

（一）独立思考需要正确认知

正确认知是大学生以"领导者"的角色去思考、行动的前提条件。我们可以简单将领导者的认知分为领导行为认知能力和自我认知能力，本节仅讨论领导行为认知能力。在学界，关于领导者的行为认知能力发展培养是传统领导力发展项目的主要关注点。领导行为认知能力的培养与提升对领导者发展具有基础性作用。通常，我们认为领导者应当具备的思维能力包括战略思维、历史思维、辩证思维、系统思维、创新思维、法治思维、底线思维。而这些思维能力的培养主要是为了应对领导力培养及实践过程中可能会遇到的各类疑难问题。大学生在校内教育、家庭教育及社会教育的氛围下，应当主动关注大学生的认知技能和觉知能力。对于认知技能来讲，大学生首先要树立辩证看问题的观点，坚持两点论与重点论相统一，既要有在具体情境中分析主要问题的能力，还要有在具体问题分析基础上的总结归纳能力，这样才能保证既做到具体问题具体分析，又具有一定的全局观和概念化能力。相较于分析能力，概念化能力最大的特点就是具有更强的未来指导意义，涉及更多分析层次，更需要归纳，也更需要对信息进行整合和抽象。

在学生领导力的培养中，我们可以认为理论学习部分和实践技能培养部分，都需要进行分析—整合—归纳—概念化的过程。只有概念化的应对策略才能保证当大学生遭遇新的情境变迁及问题更迭时，仍具备适当的调适能力。此外，除认知技能之外，觉知也是有效领导的重要表现特征。觉知即"直觉"，是指无须思维加工、无意识认知活动中产生的对于解决方案的关键性观点，这对于持续性进行概念化更新具有非常重要的作用。首先，这种觉知是基于大量实践活动的开展而在潜意识中形成的，具有经验性和潜隐性；其次，觉知需要基于特定的情境而激发表达；最后，觉知引导解决问题的部分才是大学生塑造个体领导力模式的关键特质之一。从概念化能力与觉知这两点我们能够看出，要想真正地以"领导者"的方式来思考，或者说领导力真实深刻地贯穿于大学生行为活动中，就需要树立正确的关于领导的认知。此外，我们还应当关注到大学生是否能够形成正确领导认知、个体的动机及自我效能感的发挥情况。领导动机是个体建立领导技能和自我认同的牵引力，而自我效能感是个体能持续地主动自发地推进领导力发展的驱动力。

大学生领导力的形成离不开认知能力的支持，认知能力代表大学生的领导能力。不同主体之间的认知能力存在显著的差异，主要和领导者与追随者的角色区别有关。认知能力可以简要理解为领导者通过自身逻辑思维提升综合领导力的重要能力，它可以为组织思想意识的形成提供支持，帮助领导者提高个人的创新变革能力，塑造良好的品格作风，增强社会交际素质。

（二）思维能力养成

领导力源于领导思维。因此，若需领导力过程及结果效用的最大化实现，就需要靠领导思维能力的养成。大学生思维能力的训练及养成需要我们以时间划分出不同的构成要素。首先，基于现实的角度，大学生领导思维能力的养成包含分析实践及综合能力。其次，从未来发展的角度讲，大学生领导思维能力的提升也需要包含对未来的关注。

　　成功智力理论是由美国著名认知心理学家罗伯特·斯滕伯格（Robert J.Sternberg）提出的。成功智力被定义为用以达到人生中主要目标的智力，它能导致个体以目标为导向并采取相应的行动，是对个体的现实生活真正起到举足轻重影响的智力，主要包含分析性智力、创造性智力和实践性智力。结合斯滕伯格的成功智力理论我们能够发现，针对大学生领导力，在领导思维的养成提升环节需要关注分析及实践的能力要求。首先，对于分析能力来讲，主要是指对信息的分析处理及评价判断能力。在事件处理过程中坚持理性分析，规避眉毛胡子一把抓，审慎判断，防止产生感情用事的情况，是大学生运用领导思维培养领导力必备的思维流程。此外，分析处理是否得当、评价判断是否偏颇也是考验大学生领导思维能力的重要重复性环节。其次，实践与分析相辅相成。没有分析的实践是不具指导性的理论空想，只有基于实践的分析才能更深入地指导实践的开展。相较于分析，实践更多是指技能和倾向性的集合。在常规问题的解决中，可以运用经验性的技能和行为选择的倾向，有目的、有意图地去适应、塑造和选择环境。当然，实践也会依据环境的变化而进行自我调整，以实现环境与实践活动的有效协调运转。此外，分析能力、实践能力还会在情境转换中磨合产生更高阶的综合能力，体现为在综合运用智力基础上形成的智慧，这种智慧更加关注平衡性与环境的互动，是以价值观为媒介，通过长期或短期的分析实践，通过领导者与跟随者、领导者与组织等之间平衡利益来适应情景与环境的变化发展。基于未来角度的关注，也是大学生领导思维提升的着力点之一。这种基于未来的关注可以分为一般的未来关注及基于特定领域的未来关注：一般化的未来关注是指结合领导力提升的需求从认知、体验与行为倾向来积极关注；而特定领域的关注则是基于以往实践基础构架的认知领域范围展开关注。不论是一般化或基于特定领域的未来关注，都会对大学生领导思维的发展成熟发挥重要的作用。从认知的角度来讲，个体的领导认知能力不断提升，关于领导力认知未来可能的发展重点与方向也会有越来越清晰的认识。对于动机来讲，对未来的关注往往是强化动机内驱作用的试金石。目的意识是个体内在动机的体现，而目标定向、未来意向则是个体外在动机的具体显化。而对于实践来讲，这种未来式的实践更多会带有个体主观的态度，这种积极关注未来的态度，说明未来目标的价值与未来的积极情感能够在一定程度上影响或激发当前大学生开展领导活动的积极性。

二、自强不息的创新精神

斯滕伯格在创造力投资理论中提到"创造力是一种决策"。[①]当个体决定用创造力来指导实践时，也就决定了个体需要长时间朝着发展创造性思维的方向去努力。这种决策既体现了个人的能力部分，也凸显了个人对创新的态度。对于领导行为来讲，是否具备创新精神与是否能够灵活运用创新思维已经成为衡量领导者是否符合角色要求、是否具备时代价值的标准之一。

领导力对创新创造的要求主要体现在以下方面：领导者在开展领导活动时，是否能够以更新的理论观念及适应时代的方法措施来重新整合各项活动要素，并使之发挥更大的效用。这种能力素养的要求首先是由领导者的历史责任、领导活动的目标及领导活动承担的具体工作决定的。所以，创新存在于领导活动开展的全过程，有作为的领导者离不开创新创造。

新时代大学生领导力的培育与践行更要立足我国实际，胸怀人民期盼，结合自己的专业特长，让创新思维成为新风尚，让创新行动蔚然成风。创新能力是大学生获得领导力的途径，是大学生领导力的鲜明特质。相对于社会领导力，大学生领导力在硬权力相对有限的条件下，更多依赖基于创新变革的软权力赢得认同。创新能力一方面体现在创设领导新情境，寻得更多志同道合者，从而扩大新组织、新情境的影响力；另一方面体现在通过观念创新和方法创新，有效解决现实问题，提升工作质量或提高效率，从而赢得更多认同，凝聚更多力量。

---

①衣新发,鲍文慧,李梦,敖选鹏. 斯滕伯格及其创造力研究[J]. 贵州民族大学学报(哲学社会科学版),2020,(05):140-163.

大学生是新时代创新中国建设的重要储备力量。培育与开发大学生创新能力，造就新时代创造性人才，使青年大学生成为新时代创新中国建设的主力军，是新时代实现民族复兴的重要创新动力。同时，创新能力也是大学生领导力有别于其他社会群体领导力的重要方面，是新时代大学生领导力的优势之一。

（一）创新性思维

创造性思维是指在问题处理过程中看待问题本质、分析问题根源及判断问题解决方式方法上不同常规，这种"不寻常"通常会直接或最终在问题的结果上展现效果。美国心理学家吉尔福德（Guildford）在智力三维模式结构理论中提出的核心观点是关于创造性的分析，他将一直被忽略的创造性与发散性思维联系起来，根据已掌握的信息，尝试从不同角度、不同侧面去寻求多种答案的思维方式就是发散思维。我们通常认为，发散思维是创新思维的主要表现形式。此外，逆向思维、辩证思维的存在同样可以导致最终结果发生不同变化。因此，结合各种思维的共通性，当代大学生的创造性思维能力主要体现在流畅性、变通性和独创性三个维度上。

流畅性是针对思路想法产生的角度来说，在较短的时间内针对现状问题能够产生数量较多的初步应对解决方案。流畅性的立足点主要在于速度与数量，产生念头的速度越快，解决方案越多，思维的流畅性越强，反之则越弱。流畅性在大学生领导力的应用主要体现在问题处理阶段，针对新问题、新矛盾，大学生是否能够在较短时间内不落窠臼地找寻问题的新解答。变通性指多角度、多方位去探索并解决问题的能力。变通性的关键特点是灵活，即能够快速根据实践条件的变化调整应对思路，触类旁通、随机应变。调整方向、变化跨度、衍生充实的强弱程度能够反映出个人思维能力的变通性高低。独创性的关键点在于求异，即是否能够突破固有观念，不迷信权威，匠心独运，另辟蹊径。独创性是创新思维的灵魂，可以检验流畅性与应变性的应验效果，同时也是创造性思维本质的体现。

（二）创造性品质

学者对于创造性品质在不同时期和不同文化视域下有各自的关注重

点。一般来讲，个体创造性的品质主要体现在对自己创造性的确认，包括独创性、独立性、幽默感、好奇心、善冒险、有审美情趣、对复杂和新颖的事物感兴趣、坦率、强调个人隐私、敏锐的知觉意识。结合当代大学生的群体特征，我们认为对于当代大学生来讲，个体的创造性品质主要体现在想象力、好奇心与挑战精神。

想象力是人类区别于动物的天赋与才能，是个体创造性品质的彰显。想象力是在现实积淀的基础上结合鲜明的形象系统和可能的象形选择进行合理抽象的过程，可以帮助我们超越现实的限制，进而产生意想不到的思维创造。通过视觉化和形象建立，幻想尚未发生过的事情，直觉地推测，能够超越感官及现实的界限来实现构造虚拟中的行为状态。想象的开展需要基于实践合理展开，但想象的结果无须通过实践进行检验。与实践所要求的确定性截然相反的是，想象在不明确性的认识阶段发挥的作用更加巨大，越是模糊，越是不确定，越能够为想象力提供巨大的创造空间。好奇心是个体基于外界信息刺激而引起的一系列情感波动。好奇心包括富有追根究底的精神，主意多，乐于接触模糊、不确定的情境，肯深入思考事物的奥妙，能把握特殊的现象并观察结果。好奇心是激发个体去探索未知事物，能够将认识深化并追求创新性结果的驱动力。好奇心是将抽象虚拟与实际相互连接的通道，当个体对未知事物产生好奇心后，大脑会试图从已有的认知模块中寻找能够与之产生信息互动的信息点，进而尝试建立新的联系，寻找新的意义，创建新的关系，通过思维的深化逐渐将固有内容与新的内容在大脑中形成稳定的认知内容。挑战精神在需要运用创新思维解决问题时能够发挥驱动力的作用。常规的思维活动只需要进行流程化处理，而新的问题在处理过程中没有任何经验可遵循，因此，要从复杂混乱的信息中找寻内在逻辑，根据存在的各种可能寻求应对策略，做好各种未知突发状况的应对工作。这些都需要挑战精神发挥作用。

（三）创新性能力

大学生创新性能力的体现更多是与活动的开展相联系。对于大学生来讲，运用探索的眼光去发现问题、运用独特的视角去分析问题、运用创新的手段去解决问题、取得创造性的活动效果都是大学生创新性能力的体现。首先，大学生要在外界复杂多样的信息中搜索并找出自己需要的有价值的问题，将问题与产生问题的环境建立联结，并对问题构成的逻辑关系去粗取精，去伪存真，将问题的主要矛盾、核心的问题及关键的信息留下并整合，在思考利用时信息就容易被激活、被提取，更易产生联想，有助于产生创造性的观念及成果。其次，运用独特的视角分析问题，这是对问题进行分解加工的过程。大学生要将问题中关注的要点运用分析的手段进行加工处理，以求得理想的解决方案。分析的加工过程能够被分为理念与实操两个方面，理念加工主要是通过思维上的联想比较、灵感直觉来实现，而实践上的加工多指通过活动探索、推算演练来实现。最后，手段的创新性是基于探索问题与独特分析之上的，经过前期的加工与分析，大脑已形成基本的问题处理流程，而选择何种方法有选择、有目的、有针对性地激活解决问题的手段，可以融合他人和自己的已有想法并对新的想法加以建构。这是手段创新的工作流程。创造性的活动成果是整个创新能力的最终评价环节，也是彰显个体创新能力的最直观体现。

第三节　人际关系与情感交流

一、对他人的影响力

（一）积极影响

是否能够对人群发挥影响力是领导力产生实效与否的标准。从积极心理的角度分析，通过建构认知、实践行动、朋辈引领、榜样示范等方式培育智慧、勇气、仁爱、正义、节制、卓越等品质，是大学生领导力发挥影响的重要体现。

从人生发展阶段来讲，大学生正处于青春期与成年早期的过渡阶段，是人格成熟、自我同一性建立的重要时期。这一阶段的大学生接受新鲜事物能力较强，适应灵活性强，但学习分析能力较弱，容易出现信息过载的迷茫现象；渴望独立、彰显自我，缺乏内心定力、易妥协摇摆；强调自尊但容易过度自我。这就要求大学生在实践、学习、社会生活中善于发挥积极正能量来影响朋辈与社群，同时也要虚心接纳他人对个体的积极影响。这样才能在社会变化中正确认识自我，悦纳自我。因此，针对大学生领导力对人群的影响，我们可以从积极心理与情绪管理方面加以关注。

积极的心理状态是指个体拥有的能够激发积极性的倾向。积极的心理状态包括：能够自信面对具有挑战性的工作，并以目标为导向付出必要的努力；能够对过去实践的结果有理性的判断，不论成功或失败都能从中总结经验教训而非过度沉迷情绪；能够时刻保持希望，不因实践中的失败和挫折而放弃，能够灵活调整目标及实施路径；有较好的情绪稳定与自我调节能力，面对挫折不气馁、不屈服，具有良好的心理韧性。我们可从以下两个方面来全面了解积极心理对领导力的发挥产生的作用。

第一，领导的自我效能。自我效能的概念是由当代著名心理学家阿尔伯特·班杜拉（Albert Bandura）于20世纪70年代末提出的，是指个体在执行某一行为操作之前对自己能够在什么水平上完成该行为活动所具有的信念、判断或自我感受。结合领导力的相关概念可知，领导的自我效能是一种内在的信念预判断，是相信个体有能力并且能够带领团队成员成功达成组织目标。领导自我效能是研究大学生领导力有效度的预测因子，在领导力理论构建过程中有着显著的影响。领导自我效能在领导力发展过程中扮演着不可或缺的角色，通过培养大学生领导自我效能，高校教育者可以看到其为大学生领导力发展所带来的收获。当大学生领导自我效能水平较高时，他们会更有参与相关领导活动并发挥领导能力的意愿，同时也更有可能在领导活动中得到更有建设意义的结果。

第二，进取心。带领人群实现组织目标需要通过不断的实践来达成，雄心、抱负、毅力、进取及韧性为推动领导行为发展提供了强大的精神动力，这种积极精神能够促使大学生主动成长并增强自己的优势，在"学习—提升"的循环往复中形成个人的领导力风格，提升自己的领导力效能。

此外，情绪在领导力发展过程中一直被视为极其重要的影响因素。领导者要通过情绪管理来强化自身对人群的影响力，推进组织目标的实现。领导的情绪管理主要包括识别情绪状态的能力、理解自身对他人情绪感受的能力、管理表达情绪的能力。首先，情绪管理能力水平一般与个体的领导能力正向相关，情绪识别、表达与调节对个体解决繁杂事件及目标达成过程都有显著影响。其次，领导者利用情绪管理发挥积极情绪影响其他组织成员，使其他组织成员在提升自身效能的过程中能够促进组织的发展。最后，情绪管理能力较强的领导者懂得如何控制不良情绪，合理表达。实现情绪管理最为困难的环节是针对失控情绪的处理，针对外界的环境压力去调整与情境相匹配的行为，需要较强的自查意识与自控力。大学生学习情绪管理不仅对个人也对领导力的培养和发展有重要的影响。

（二）真诚领导

真诚领导是指一种把领导者的积极心理能力与高度发展的组织情境结合起来，通过施加影响的方式发挥作用的过程。真诚领导过程影响着领导者和追随者的自我意识及自我控制行为，并激励和促进积极的个人成长和自我发展。因此，真诚领导是影响力发挥效用的真实彰显。真诚领导建立在领导者与追随者信任关系的基础上，这种信任关系的形成要基于领导者个人领导魅力的积淀及领导意识的外显，才能够使追随者形成无条件的认可与追随，从而形成个人和组织认同。真诚领导中的领导者善于运用情绪管理的手段来激发追随者积极正面的情绪体验，使追随者能够产生协助组织目标实现的内生动力，即"凝聚力"。当然，领导者不能放松对自我领导能力提升及情绪管理能力的进一步深化，以个人表现和积极行为来影响并塑造追随者。此外，领导者还要关注追随者的自我决定，这种对他人行为决策的认可也能够促使高质量的真诚关系的建立，影响并促进追随者的认知和行为。

第一，真诚领导并非迫使领导者做最真实的自己，而是在情感动机与倾向上能够进行自然且自由的表达，真诚并不等同于塑造完美。相反，如果领导能够坦然面对自己的不足，正视自己的问题，理性地接受对自己的批评建议并对自己的行为负责，鼓励追随者形成真诚良善的品格，这些行为会在潜移默化中影响并塑造追随者形成相似的价值观、信念与目标认同。这种个人认同的形成是构成组织情感归属的识别方法。社会认同理论告诉我们，个人的自我观念受到社群成员观念的影响。因此，领导者通过与追随者交往中展现的道德价值感来影响追随者价值观的转变，通过带动效应实现组织认同。第二，积极的情绪是人们行为模式的情感写照。个体越拥有积极正面的情绪反馈预示着个体越能够产生积极的态度和行为，如担当责任、面对逆境、合理舒缓压力等。积极的情绪感染能够推进管理目标的实现。当然这种情绪的感染更多是双向的，即领导者与追随者相互的情绪影响。积极情绪感染对于组织目标的实现是大有裨益的。在组织目标的实现过程中，领导者的正面情绪能够对组织的工作效率产生较大的正向影响，同时这种情绪感染能够使组织产生变革，强化组织各部门各节点的连通性，每个人的积极情绪都能够使其他组织成员引起连锁效应，这种反应会给予领导者积极的反馈，促使领导者调整领导行为，同时这种双向的情感互动能够创造积极情感氛围，并使情感交流得到持续加强。第三，真诚领导能塑造积极的行为模式。班杜拉的社会学习理论中提到，替代性经验和榜样的存在能够使个体达成知识习得的目标。在组织中，领导者完全可以发挥榜样的作用来树立积极、创新、果断、睿智的职场形象，而这些模范行为会对追随者产生较明显的心理与行为影响。他们可以通过学习与模仿去学习领导者分析问题的方式、应对问题的态度及解决问题的能力。第四，支持追随者的自我决定。这是形成和谐领导关系，提升追随者内心幸福感必不可少的条件。这种支持基于领导者对追随者极大的尊重而存在，是追随者内在动机的外部显化。对于追随者来讲，因由组织工作而产生探索求知、接受挑战的欲望本身就是对工作内容的深入思考，若能够得到领导者的绝对信任与支持，在提升个体幸福感的同时，会反向激励追随者忠于本职的行为导向，以及对组织更为强烈的归属感。第五，真诚领导能够促成积极的社会交换。这种社会交换的有效性可以从两个角度分析。首先，基于组织架构来讲，不同个体在组织中的不同身份决定各自的决策重点与行为模式各不相同，坦诚深入地交流能够在最大程度上实现价值观的一致性，缩短权力带来的执行距离，这对于组织的发展十分有益。其次，从脱离组织架构来讲，领导者与追随者的社会身份并无明显差异，在社会生活层面的价值观相近往往会带来更具收益性的社会交换活动。

二、沟通交流的能力

（一）人际交往

在社会中，每个人都处于不同的关系中，同学关系、同事关系、邻里关系、朋友关系，不同的个体在不同情境下与其他个体建立的复杂多样的关系网就是我们人际交往的主要内容。当今世界各个部分的联系变得日益紧密，人们之间的交往变得日益频繁。对领导者而言，人际交往是领导者开展领导活动、实现领导目标的主要开展形式。管理说到底是做人的工作，所以，领导活动的开展实质上都是围绕人、人际关系而开展的。新时代的大学生既是祖国复兴大任的担当者，又是个人价值的践行者，在大学阶段既要努力学习奋发向上，为实现自己的理想目标努力奋斗，又要勇敢走出象牙塔，用青年的眼光去观察社会，观察世界。因而，对于大学生来讲，人际交往既是大学生活不可或缺的部分，又是大学生未来步入社会需要直面的社会能力。首先，人际交往有助于培养大学生成熟的心智。每个人都有寻找爱与归属的需要，与他人交往就是实现需求的重要途径。与他人的交往能够使大学生更加客观地评价自己。大学生可以通过替代学习增长自己的社会经验，逐步构建并形成价值观。其次，人际交往有助于大学生的发展成长。与他人交往是实现自我价值和建立社会支持系统的过程。人际关系良好的个体往往拥有较完善的社会支持系统，能够及时有效地得到他人的认可和接纳，在遭遇挫折时能够得到较为及时的情感支持，这会使个体更有力量面对问题，产生更加积极的情感体验，进而认知更加清晰，自我价值感也较高。同时，良好的人际互动有助于良好的人际关系，良好的人际关系推动更高层次的人际互动，使两者形成良性互动循环往复。

对于大学生领导力的开发与实践来说，良好的人际关系有助于领导力思维丰富的同时，也是衡量一个人领导力所处阶段的方法。无论是交往动机、对象选择、交往过程还是交往目的，人际交往对领导力的影响主要以交流表达与冲突管理作为切入点。交流表达的实质就是沟通，就是指人们在社会活动中通过言语等媒介进行的信息传递、思想交换等行为的过程。表达交流的形式可以通过当面与非当面、言语与非言语的形式来展现，也可以通过温和或激烈的方式来开展。大学生的科技创新实践活动可以作为人际交往处理问题方式的集中体现，这与领导者带领团队实现组织目标的过程具有很高的相似性。新点子、新想法的诞生是需要团队沟通协商的智慧形成的。在创意形成阶段，领导者应当保证能够提供轻松宽松的讨论环境，这样团队成员在开展头脑风暴时才能够激发更多的探索欲，保持足够的好奇心，不断拓宽视野，形成思维共振。创意实践阶段更多考验团队成员的冲突管理能力，在这个阶段，团队成员要坚持求同存异，允许不同的声音存在，冲突的内容可能就潜藏着方案的创新点。团队的领导者要善于发现问题，主动倾听，巧用非语言沟通技巧，及时根据情境进行介入与矛盾化解。

（二）情商

情商的概念产生于20世纪40年代的心理学领域。作为与智商相对应的概念，学者们更关注于它所具有的了解及管理他人的能力，以及在人际关系上采取明智行动的能力。在早期我们通常将情商理解为"自制、热忱、坚持，以及自我驱动、自我鞭策的能力"，随着领导力知识体系的不断发展，情商逐渐成为领导力内容的重要构成部分，在领导能力的判断中，智力更多决定了领导者开始参与领导行为活动的初始状态，而情商对于领导行为的决定会发挥更长久、可持续的能力。领导者的情绪会传染给团队其他人，团队成员的积极或消极情绪对该团队的成功起着重要作用。优秀领导者不仅依靠自己的见多识广，而依靠与他人交往的能力。情商较高的领导者能够准确识别他人所看重和感觉到的东西，因而能够更加有效地影响该成员对团队目标的态度。一个人能够调整自己的情绪，就可能会有意识地回应他人，而不是不计后果地做出回应。

情商并非完全天生，通过后天的培养也能够习得相应的能力。大学生培养情商的途径如下：

第一，进行自我情绪的识别与管理，个体应当有意识地内观自己的情绪表达方式，并且能识别情绪变换临界点。

第二，知道如何控制负面情绪在团队活动中的显露程度，以及如何采用更为合理的方式化解负面情绪。

第三，推己及人，敏锐地观察和应对团队其他成员的情绪变化，并通过他人的行为表达了解其内心深处的核心需求，在此基础上实现关系管理，建立融洽的关系激励和影响他人。这就要求大学生在情商训练中着重提升以下能力：首先，合理利用自我暴露技术。心理学上的自我暴露是指个体把有关自己个人的信息告诉他人，与他人共享自己的感受和信念。这是自我实现所必需的，更是建立亲密关系的前提条件。在领导环境下，交流沟通中的自我暴露能够体现互惠型规则，这种互惠的目的是建立双方的信任关系。当一方开始自我暴露，这便是信任关系开始建立的标志；而当对方以同样的自我暴露水平做出反馈时，这便是接受信任的标志。这种自我暴露往复交换，直到达到双方都能接受的范围，就此双方的信任关系建成。其次，善于使用共情。共情的概念最早是由人本主义教育大师卡尔·罗杰斯（Carl Ransom Rogers）提出的，又被称为同感、同理心、投情等。[①]在与他人沟通交往的过程中使用共情手段可以有效化解冲突矛盾，建立良好的人际关系。共情的关键在于换位思考，即如果我是他，我该怎么做。培养共情能力是需要通过实践学习与检验的，我们在与他人进行共情时可以分步骤分层级进行：一是内容共情，即我们尝试站在对方的立场去理解个体所做决定的原因，接受对方采取行动的合理性；二是情绪共情，是在做法理解的基础上，观察对方因此产生的情绪，在接纳对方情绪的基础上去理解对方产生这类情绪的原因；三是形成潜意识的共情，这一阶段的共情包含内容与情绪并能够主动进行的共情活动。这个阶段的共情是领导者在领导活动的开展中需要形成的。只有在理解追随者的心理活动并从对方的角度考虑，才能保证任务布置得合理，领导活动开展得更加有效和顺利。

①王晓清. 卡尔·罗杰斯:人本主义教育大师[J]. 教育与职业,2014,(25):106-107.

第三章 大学生领导力培养理论基础

第一节 大学生发展理论

近年来，有关领导力的研究逐步将理论和领导力有机融合，在培养青年学生领导力方面凸显发展的关键价值和作用。相关工作人员通过多元化的手段开发和培养青年学生的领导力时，需要关注青年学生的实际状况。这里主要对密切关联青年学生领导力养成的发展理论进行阐述，主要有劳伦斯·科尔伯格（Lawrence Kohlberg）的道德发展理论、威廉·佩里（William G.Perry）的认知发展理论及埃里克·埃里克森（Erik H Erikson）提出的社会性发展理论等。①

一、认知发展理论

美国著名心理学家威廉·佩里深入分析了哈佛大学学生的认知发展情况，以此构建了青年学生认知发展理论。他对青年大学生的实践和感受十分关注，期待构建一个更加宽松、自由、和谐的学习氛围，同时在学生发展方面更倾向于学生个性化成长。

威廉·佩里的理论与品德、智力发展有十分紧密的联系，它对学生领导力培养进行全面诠释的有两个阶段。例如，青年学生往往依据两分法对了解客观世界，如到底是错误还是正确、违法还是不违法、好还是不好等。他们认为每一个问题均会有相应的答案和处理方式。而教师和领导干部等具有较高威望的人则有处理问题的能力与可能性，所以，在此阶段的青年学生会

---

①崔文霞. 当代大学生领导力培养与探索[M]. 上海：上海人民出版社，2021：41.

觉得有权威的人具备的能力就是领导力。这些大学生期待得到有威望的人的指引，希望获得科学的答案，自己只要跟着他们做即可。然而，处于多元化阶段中，每一个选择并非黑的或者白的，而是平等的。从新的角度来分析问题，会启发青年学生通过不一样的角度或者思维对领导力进行理解。

二、道德发展理论

在提及学生道德发展相关理论时，需简单了解劳伦斯·科尔伯格提出的道德发展理论。其通过道德认知发展，对人的认知发展进行详细探索，然后确立了道德认知发展理论。该理论认为人的思维发展程度会显著影响人的道德发展，因为人的认知发展具有相应的阶段性，所以，人的道德发展也有这种特征。同时，这种特征是从人的自主性行为与实践中而来，其来源途径并非文化教育，该观点符合皮亚杰的理念。科尔伯格拓展了自己的研究范围，将35岁至50岁的人也纳入了研究中，从而扩大了最终的研究结果，使其也能在成人中应用。所以，心理学界对该理论非常关注。

值得一提的是，科尔伯格剔除了以往品德思想的划分理念。他认为，由于人的不断成长，个人的道德也会不断发展变迁。此外，他还觉得不能只用错误和正确来研判道德，而应在具体的情景下，通过多个层面全面地进行研判。而且他认为这样的判断具有一定的文化意义，能够通过教育对道德认知进行培育。

通过科尔伯格提出的理论来看，成人与青春期学生比较典型的状态就是习俗的道德判断。通过习俗推理的个体在用道德判断相关行为时，可能会将此类行为、现阶段社会上流行的潮流和人们的期待进行关联。习俗水平主要有第三个道德发展阶段、第四个道德发展阶段。在道德认知发展阶段中，高校学生大多处在第四个阶段，可能还有极少学生会直接到达第五阶段。尽管科尔伯格认为第六个阶段是存在的，但他无法找到始终处在第六个阶段的受试者，几乎没有人进入过其描述的第六阶段。所以，在培养青年学生领导力过程中，会有与道德相关的内容出现，相关教育人员需熟悉密切关联伦理的理论。当青年学生面临与品德有关的难题时，应懂得认识与应对的方式。大家在认识青年学生在领导力方面的道德发展时，成人伦理与道德发展的相似性可以有效启发我们，并给予我们帮助。在特定领导力理论更倾向于关系这一点上，一部分学生表示不能理解，这意味着这部分学生觉得做对的事情就是努力实现其他人的愿望或者严格遵循准则。这其中的认知压力需要一定的支持系统来解决，而且要求教育工作人员构建良好的环境，促使大学生持续健康地发展。

三、社会性发展理论

人在长期发展中比较核心的发展特性之一就是社会性发展，指的是个人和其他人互动过程中体现的态度、理念与行为等会因年龄的增长而不断变化。在阐述青年学生的社会性发展上，可以借鉴埃里克·埃里克森提出的心理社会性发展理论。

埃里克森强调，在环境中的所有个体，在成长过程中均会遇到很多要及时处理的问题。这些问题对应着个人发展的相应阶段，同时会被社会环境和文化环境等因素所制约。人出生后会和周围的环境不可避免地产生关联，进行交流沟通，这样的互动交流会促进个体不断发展。在人和社会环境的接触过程中，首先，因个人在发展方面存在一系列要求，故期待社会环境能够满足自身需求；其次，被迫接受社会的局限和要求，让人在社会上发展时形成心理困惑。对此，埃里克森称这就是个体的发展危机。换句话说，人在发展的不同时期，会面临各种与适应周围环境有关的问题。

从年龄上来看，青年学生大多处在青年阶段的末期和成年的初期。但是，人们通常认为高校学生大多是在青春期。埃里克森指出，个体自我意识的形成是其人格成长阶段中的主要问题，更多是取得同一感阶段。此时，大学生的主要目标是明确自身在社会中扮演的角色，这是形成自我同一性的核心因素。倘若在人成长至青春期之后，可以接纳和肯定自己，将以往的自己和当前的自己，以及未来的自己紧密联系在一起，那么也可以接纳自身个性与外形等方面与他人不同或相同这一现实，并对当前自己在社会中的角色和未来扮演的角色持认同态度，这就是同一性。此时，个体也就有了工作、学习及交际的相应能力，其未来的愿景和自我概念也会更加明确。

第二节　大学生学习理论

现阶段，社会中的主流学习理论主要包括认知学习理论、行为主义学习理论、人本主义学习理论。其中，行为主义学习理论更突显和有机体发展行为的探索，关注有机体适应环境的表现和环境的价值，在这一方面的杰出人物有班杜拉、桑代克及巴甫洛夫等。目前，在社会上影响较大的是班杜拉提出的社会学习理论。认知学习理论认为，通过大脑再次整合积累经验的这一过程，即为有机体的学习，将学习者的知识建构与重组作为主要内容，学习的类型不同，建构方式也存在差别。在这方面的典型代表有罗伯特·米尔斯·加涅（Robert Mills Gagne）、杰罗姆·布鲁纳（Jerome Seymour Bruner）及让·皮亚杰（Jean Piaget）等。人本主义学习理论确立的学习观也能引导、影响青年学生的学习，并对其发展具有深远的意义。同时，在个体年龄的增加与不断成长，以及同伴交往认知的发展等因素下，这些学习理论的重要性也会更加突出，并且越来越复杂。以下主要阐述涉及青年学生领导力学习的相关理论，如大卫·科尔布（David Kolb）提出的体验式学习理论、阿尔伯特·班杜拉确立的社会学习理论，等等。

一、社会学习理论

社会学习理论的创立者是班杜拉。该理论是在传承和批判传统行为主义的过程中慢慢生成的。该理论认为从直接经验中得到的所有学习现象，本质上均能通过观察学习而出现，其中，对学习有显著影响的因素是替代性强化。[1]1977年，班杜拉将社会学习理论作为立足点，确立了自我效能的

---

①郑文芳. 社会学习理论视角下教师学习的意涵、过程与结果[J]. 天水师范学院学报，2022，42（04）：82-88.

概念，即人对相应情境中的自身是否具有获得良好结果的能力的预期。班杜拉认为，人在自我效能上具有高的预期，那么其就会竭尽所能向自己的目标靠近。他认为对自我效能形成具有影响的因素主要包括替代性经验、情绪的激发、直接的实践经验及言语说服。

个人坚信自己可以应对特定挑战的理念与信心，即自我效能感，可以构建有利于领导力培养的良好环境。相关核心学习内容中包括要相信自己的能力这一项，原因是民众不会轻易承认自己有无法完成的事情，领导力发展的可靠来源就是让自己认可或者接受新的领导力实践。自我效能感在学生领导力培养方面具有十分深远的影响。同时，在人的体验上，领导力自我效能感也有一定影响，人的效能感较高，其就会竭尽全力付出，原因是他们坚信付出和收获是成正比的。对领导力教育人员而言，认识自我效能感的价值、培养自我效能感的方式具有非常关键的作用。该理论还认为，个体间接经验学习的关键模式之一还有观察学习，其广泛渗透在各类文化背景的学员群体与各年龄群体中。社会学习理论对以往的强化理论进行了延伸与拓展，在培养青年学生领导力方面具有重大的理论意义。

二、体验式学习理论

大卫·科尔布对相关人员的研究成果进行了梳理、汇总，其中库尔特·勒温（Kurt Lewin）、约翰·杜威（John Dewey）等人制定了经验学习模式，提出了体验式学习理论，即体验学习圈理论。

科尔布指出，四个适应性学习阶段组成的环形结构形成了体验学习过程，主要包括抽象定义、实际经验、积极实践及反思观察。其中，实际经验就是使学生全身心沉浸其中的特定体验；抽象定义就是学生需做到的、可以认知所观察的内容，同时将其内化，让其变成顺应逻辑的概念；反思观察，就是学生在暂停的空隙，分析思索以往的经历；积极实践即学生需对相关概念进行检验，然后在处理问题和制定决策上加以应用。在通常情况下，人主要通过特定团体组织参与相关实践活动，执行某些项目，从而培养领导力。

科尔布明确了学习周期，并对多个学习种类和各种能力的特征与态势进行了界定。因每人交流信息和处理信息的方法不同，因此，学习风格也有一定差异。例如，想象力比较丰富的人借助实践体验，可以取得相应信息，并通过反思来处理、加工信息。这一学习模式对掌握特定的技能十分有利，其中提到的技能主要有：想象力、兴趣和开放的态度，以及情感。另外，科尔布等人还对各类学习风格的具体环境进行了介绍。

三、多元智能学习理论

1983年，心理发展学家霍华德·加德纳（Howard Gardner）确立了多元智能学习理论。其通过多元智能，对人们可以做的事情和禁止做的事情、人们是如何变成处理各类问题的人的进行了阐述。多元智能的实质是人所在的领域不同，其具备的能力也不同，即使在相同领域，个人的智能也有不同。加德纳刚开始确立了多个类型的智能，他随后对智能的维度进行了扩展，并纳入了道德智能、自然主义等。其中，借助书面语言或者口语进行互动沟通的能力即言语智能。有良好数学逻辑的人，擅长通过数学与逻辑等视角探讨、处理问题。这些智能的学生会得到不同传统教育的重视。空间智能，即具有管控封闭区域的能力；音乐智能，即有作曲、演奏乐曲与鉴赏音乐的能力；人际智能，即能了解他人目的的能力；运动智能，涉及实践能力与运动能力；内心智能，具有认识自己、可以改善生活的能力。所以，综合来看，以上智能种类主要如下：音乐演奏智能、逻辑推理智能、自然观察智能、语言智能、运动智能、空间智能等。每个人都有以上智能，各类智能可以通过比较复杂的模式进行配合，并且在各种类型中均有许多方式可以让学生变得有智慧，这就是该理论的核心。

现阶段，大学生领导力的探索比较关注在领导力发展中大学生具体的身份和角色，尤其是他们的操作智能。一些研究者指出，那些有操作智能的人在有压力与坎坷出现时会深入反思，继续提升自己。对大学生的操作智能进行构建，在学生的成长过程中贯彻领导力培养策略，从而推动学生全面发展，这是发展领导力的最终目标。学生对领导力要有强烈的责任感，这是实践智能的要求，只有如此，才能顺利地开展体验式学习。

第三节　大学生领导理论

一、经典领导力理论

（一）领导力特质理论

领导力特质理论是指有效领导者要具有一定的品质与特征，借此来区分领导者和下属，或者区分高效领导者和低效领导者。[①]早期的领导力特质理论假设不管在什么样的情境中，所有领导者都具有相同的特质，所以，有效领导者有一定数量的共同特质，并且这些特质在很大程度上是与生俱来的。不具备天生领导者特质的人不能成为领导者，所以，这个时期的领导力特质理论也称为"天才论"。后期的领导力特质理论则在更广泛的范围内研究领导者的特质问题：领导者特质既有天生的，也有后天培养的；不仅仅罗列出个人特质的内容，还对特质的重要性进行了排序；在静态的个人特质基础上研究动态的领导素质，即考虑环境因素的影响。研究发现，领导者和非领导者在六个特性上有区别：动力、领导的渴望、诚实与正直、自信力、认知能力、商业知识等。

1. 一般领导特质

我们将一般领导特质定义为在工作环境中和工作环境之外都能够观察到的特质，一般特质与工作的成功和个人生活的幸福都有关系。

领导者切实的自信在任何情况下都很重要，自信而不自大的领导者会坚定团队成员的信心。恰当的谦逊和自信一样，是有效领导者的关键特质，谦逊是指在一定程度上承认自己并非无所不知、无所不能。谦逊的领

---

①晁玉方,王清刚. 领导特质理论的历史与发展[J]. 山东轻工业学院学报（自然科学版），2012，26（03）：77-82.

导者在完成任务受到表扬时，会将成绩归为团队的功劳。诚信被定义为个人得到其他个体承认的内涵、动机与诚实，领导者应该言行一致。外向对领导有效性的作用体现在大多数情况下合群和友好所带来的帮助，外向的人更愿意承担领导者角色，参与集体活动。果断是指能够坦率地表达需求、观点、感受和态度。果断有助于领导团队完成任务并达成目标，包括坦然面对团队成员的错误、提出更好的绩效目标、提出更改的期望，以及在更高的管理水平上提出合理需求。情绪稳定指将个人情感控制在适合周围环境的水平上。研究表明，领导者情绪不稳定或缺乏镇定，可能会导致对压力处理不妥、屈服于心情、易怒以及前后不一，这将影响领导者与团队成员、同事或主管之间的关系。热情被认为是对建设性行为的回报，热情有利于团队成员之间建立良好的关系。幽默感使领导者更易接近和富有人情味。富有温情、能带来温暖的人可以更好地与团队成员融洽相处，给团队成员以情感支持，从而提高领导有效性。顽强承受挫折是指领导者面对挫折能够迅速调整自己的情绪并坚韧不拔。

2. 与任务相关的人格特质

一些领导特质与完成任务密切相关，这些特质之所以归为特质而不是行为，主要是因为这些特质是领导者本身就具有的，并不是做出来的。与任务相关的人格特质中，激情高于热情，常常表现为强烈要求实现组织目标，激情从内心深处促使人们表达自我、发展自我。

情绪智力（emotional intelligence）是一种了解他人感受、理解他人、调节情感从而改善生活的能力。这种智力通常应用于人与人之间的交往和情感交流。领导力研究者与专家都深知管理自我和他人的情感会影响领导有效性。例如，意识到自己和他人的愤怒，同情他人能够帮助你更有效地发挥影响力。另外，情感、动机和人格的许多方面都有助于提高人际有效性，领导技能被看作一项综合能力。情绪智力包括四种能力：一是自我意识，即一种了解自己情感的能力，它是四种能力中最重要的能力。较高的自我意识让人知道自己的力量和极限，以正确认识自己。共鸣型领导者用自我意识准确地衡量自己的心情，通过直觉可以了解心情如何影响他人。二是自我管理，即一种与诚实、正直一起以适当方式控制个人情感的能力。正确的自我管理可以防止个人在没有实现行动计划时无法控制自己的情绪。三是社交意识，包括同情他人、对组织问题敏感。社交意识型领导者不仅能通过表露喜好来感知情感，还能准确地衡量办公室的人际关系。四是关系管理，包括进行清楚的、令人信服的沟通能力，以及解决纷争、建立强大的个人关系纽带的能力。

（二）行为领导力理论

在行为领导力理论中，领导行为是领导力的表现形式和过程。行为领导力理论中最具代表性的理论有俄亥俄州立大学领导力模型（the Ohio State model）、参与型领导力（participative leadership）模型。

1. 俄亥俄州立大学领导力模型

俄亥俄州立大学领导力模型认为，在领导情境一定时，两种不同类型的领导风格——创建结构（initiating structure）和关怀（consideration）将对下属满意度和绩效产生不同的影响。创建结构是指以工作为核心，工作导向和指导式的领导行为；关怀是指以员工为核心，满足员工需求和建立和谐关系的领导行为。

2. 参与型领导力模型

维克托·弗鲁姆（Victor H. Vroom）和弗洛姆-耶顿（Fromm Yerton）开发了一个领导者决策模型，以更好地解释领导者选择独裁式或参与式领导行为的原因。简单地说，该模型在11个决策探索方法的基础上，通过提高决策质量、提高决策承诺、降低决策成本和缩短决策时间、促进下属发展四组基本观点，在五个决策过程中引导领导者选择。总之，有效领导的恰当决策风格需要根据不同的情境选择独裁、咨询、合作共享（联合或授权）的领导行为。

二、当代领导力理论

（一）领导者—成员交换理论

领导者—成员交换理论[leader-member exchange（LMX）theory]指出，由于时间有限，领导者对待下属的方式是有差别的。组织成员关系的集合中往往包括一小部分高质量的交换关系（圈内成员之间）和大部分低质量的交换关系（圈外成员与圈内成员之间）；如果领导者与下属中的某些个体建立了特殊关系，这些个体就成为圈内人士，他们受到信任，得到领导者更多的关照，更可能享有特权。

该理论指出，在领导者与某一下属进行相互作用的初期，领导者就已暗自将其划入圈内或圈外，并且这种关系是相对稳固的。领导者到底如何将某人划入圈内或圈外尚不清楚，但有证据表明领导者倾向于将具有下面这些特点的人员划入圈内：个人特点（如年龄、性别、态度）与领导者相似，有能力，个性外向。LMX理论预测，拥有圈内地位的下属得到的绩效评估等级更高，离职率更低，对领导者更满意。

葛伦（又译：乔治·格里奥）（George Graeo）的LMX理论提出领导者和下属之间可能存在三种关系：一是领导者和单个下属之间的关系，这是一种二维向量关系，领导者在一对一的基础上对待单个下属，这与多维关系有所不同；二是领导者和一个下属群体之间的关系，这是一种均衡领导方式，领导者以同等方式对待组织中的每个下属；三是领导者和两个有区别的下层群体之间的关系，领导者对待不同群体的人态度不同，对待同一群体的人则态度相同。

（二）变革型领导力理论

伯纳德·巴斯（Bernard M. Bass）认为，变革型领导者与交易型领导者的行为方式有本质区别。交易型行为聚焦于领导的管理方面，指绩效监控、纠正错误和奖励成绩这样的行为；而变革型领导者能够把追随者从以自我为中心的个体变成忠于群体的成员，激发追随者取得超出预期的成绩。巴斯的变革型领导力理论对伯恩斯（Burns）的变革型领导力理论和豪斯（House）的魅力型领导力理论都进行了拓展。他把伯恩斯的概念转化为一种心理学研究，开发了一个评估工具——多因素领导量表（Multifactor Leadership Questionnaire，简称MLQ），这一工具既可以测试变革型领导，也可以测试交易型领导和不作为领导。他通过MLQ收集的数据证明了交易型领导和变革型领导并非对立的两极，而是领导的不同方面。他认为变革型领导是交易型领导的一种扩充。这是巴斯对伯恩斯理论的重要修正。巴斯还细化了豪斯的研究成果，指出魅力是变革型领导的必要但不充分条件，魅力是变革型领导有效性的重要来源，是MLQ所测量的变革型领导因素之一。

（三）魅力型领导力理论

1. 马克斯·韦伯（Max Weber）的领导魅力理论

马克斯·韦伯认为，人格是领导魅力的一项重要内容。具有魅力的人格被定义为能够"引起激动和倾心"的"英雄主义"在个人身上的表现。魅力由五个部分组成：一位具有非凡的、近乎神奇才能的领导者；一个不稳定的或者有危机的情形；以激进的办法解决危机；一组下属被一名非凡的领导者吸引（因为他们相信这名领导者能够将自己与超凡的力量联系在一起）；这名非凡领导者的才能和力量得到证实。但韦伯没有说明这种超凡力量的来源或者本质，也没有说明魅力型领导力如何既取决于领导者的特性，又依赖于下属的感知。

2. 罗伯特·豪斯（Robert House）的超凡魅力理论

罗伯特·豪斯提出了一组有关魅力型领导者的检验及结论，包括：领导者行动，即魅力型领导者具有强烈的权力需求，显示出高度的自信，表现出卓越的能力，充当行为的榜样，传达高期望值，进行有效的辩论，提出具有超越性的目标；领导者—追随者关系，即领导者和追随者之间的关系是魅力之源，领导者通过不断强化愿景和目标，以及个人角色等方式实现对追随者的说服与支配，在引导团队走向新的目标时，他们通过广泛认同的信仰、价值观念和目标形成自己对追随者的吸引力；魅力情形的构成，即魅力型领导者在团体面临困难的时候最有可能出现。

豪斯认为，具有超凡魅力的领导者具有以下特点：自信，有远见，能清楚地表述目标，对目标的实现有坚定的信念，不循规蹈矩，努力变革，对环境敏感。他的研究表明，具有超凡魅力的领导者与下属的高绩效和高满意度之间有着显著的相关性。

（四）愿景型领导力理论

沃伦·本尼斯（Warren G.Bennis）和纳鲁斯（Narus）对美国60位成功的企业执行主管及30位杰出的公共组织领导者进行了非结构性的、开放的深度采访，这些领导者因成功变革其所在组织而声名远扬。根据访谈结果，这两位学者总结出变革型组织中领导者常用的四种策略。与巴斯的理论相比较，该理论的重点不在于领导者对追随者的关怀与支持，而强调领导者如何在了解员工的前提下提出组织共同奋斗的愿景。因此，该理论被命名为愿景型领导力理论。该理论阐释了愿景型领导者的有效行为和重要特质，还用大量篇幅描述了他们所担当的"组织设计师"角色，指出领导者行为不仅旨在激发追随者的动机，还具有构建组织文化的目的。

萨什金（Sash Kin）的愿景型领导力理论最初建立在本尼斯和纳鲁斯的研究基础上，经过多次修订、扩展，其研究成果反映在不同版本的测评工具——领导者行为问卷/愿景型领导者（Leadership Behavior Questionnaire, LBQ/Vision Leader）和领导概貌（The Leadership Profile, TLP）中。2003年版的愿景型领导力理论详细论述了四种行为方式（交流、建构信任、关怀追随者和创造授权机会）、三种个性特征（自信、授权和有远见）和一个情境因素（组织文化）。

（五）真实型领导力理论

真实型领导是把领导者的积极心理能力与高度发展的组织情境结合起来发挥作用的过程。真实型领导者自信、乐观，充满希望，富有韧性，具有高尚的品德，他们对自己的思想、行为以及所处的工作情境有深刻的认识。

有学者认为，真实型领导包括自我意识、无偏见的程序、真实行为/行动、真实的关系定向。真实型领导者以一种与个人深层价值观和信念一致的方式行事，建立可信度，通过鼓励不同观点，以及与追随者建立协作性关系网赢得追随者的尊敬和信任，并以一种被追随者确认为真实的方式从事领导工作。

真实型领导者具有以下四个方面的特征：第一，真实型领导者不伪装自己，扮演领导角色完全是真实型领导者的自我表达行为，而不是遵从他人或社会的期望；第二，真实型领导者承担领导的职责或从事领导活动不是为了地位、荣誉或其他形式的个人回报，而是出于一种信念；第三，真实型领导者是原创者，而非复制者，他们的价值观、信念、理想或使命在内容方面可能与其他领导者或追随者相似；第四，真实型领导者的行为以自己的价值观和信念为基础，他们的行为不是为了取悦他人、博取声望或出于某些个人或狭隘的政治兴趣，因而真实型领导者具有高度正直的特点。总之，真实型领导显示，真实型领导者的言行一致，他们根据个人价值观和信仰进行决策，以建立可信度，获得追随者的尊重和信任。

真实型领导最关键的特性是即使面临强大的外部压力或有引发非真实行为的诱因时，他们仍能选择真实行为。因此，真实行为是领导者的一种自我愿望的反映，而不是遵从某些社会规范或压力。当他们开始认识到自己的优点和缺点时，领导者会展示出高水平的稳定性，更加透明、开放，并和同事保持亲密关系。他们的言行是一致的，不受外部威胁、引诱、社会期望和报酬的驱动。

第四章 大学生领导力培养资源与路径

第一节 大学生领导力培养资源探究

一、大学生领导力培养的现状分析——以杭州师范大学为例

近年来，大学生领导力的培养受到越来越多的关注。社会的发展对人才素质提出了更高的要求，大学生肩负着国家发展和接班人的重任，不仅要具备精湛的专业知识和技能，还应具备能够引领社会变革的领导能力。师范院校的大学生是我国未来教育主要的引导者和中华民族文化的传承者。对师范院校大学生进行领导力的培养，有利于开发其综合素质，提升其职业竞争力。因此，本节旨在以杭州师范大学为例，通过调查了解师范院校大学生领导力的培养现状，在此基础上提出切实可行的建议与对策，从而推进大学生领导力培养。

（一）调查对象和方法

本次调查以杭州师范大学学生为调查对象，采用随机抽样的方式从杭州师范大学的院系中随机抽取学生作为调查样本。期间，我们通过线上、线下相结合的方式共发放调查问卷500份，收回469份，问卷回收率93.8%（如表4-1所示）。

表4-1 接受问卷调查大学生的基本信息

项目	性别		所在年级			是否学生干部		学生干部担任情况				
类别	男	女	大一新生	毕业年级	其他年级	是	否	学生会（正副）主席或干部	党支部、团总支（正副）书记或干部	社团（正副）主席或干部	班级干部	其他
比例（%）	16.84	83.16	75.48	1.92	22.60	63.97	36.03	6.39	2.6	3.34	60.98	26.65
人数	79	390	354	9	106	300	169	30	12	16	286	125

（二）师范院校大学生培养的现状

1. 师范院校大学生对大学生领导力的认知情况

调查中，在问及是否了解"大学生领导力"时，65%（303人）的受访学生表示对领导力"听过，有所了解"，而32.4%（152人）的学生表示"听过，并没有了解"，2.6%（14人）的学生表示"没有听过"。调查显示，大多数学生知道"领导力"一词，但从了解的程度来看，"大学生领导力"的概念在师范院校并没有全面深入普及。

在调查中我们发现，大多数学生对领导力的培养持有积极的态度和看法，其中79.9%的学生认为"领导力是大学生应具备的一项重要能力"；18.6%的学生认为"培育大学生领导力具有一定的意义"。在"具备领导力对于大学生的好处"一题中，复选率较高的选项是"能够获得更多展现个人才华的机会""积极参与组织各项活动，丰富业余生活""有助于将来的就业，提供更多的资本""能够增强社会责任感"。

2. 师范生对大学生领导力内涵的认识与自我评估

在受访的469名学生中，"责任感和担当精神"被认为是领导力最主要的特质，其次按选择比例从高到低依次为"沟通能力""组织协调能力""公正""自信""应急应变能力""团队合作""积极向上""决断决策能力""正直""分析执行能力""真诚友善""学习能力""创造力"。在"当前大学生最缺乏的素质"问题上，大多数同学认为最缺乏的是"责任感和担当精神"，其次是"应急应变能力""团队合作""创造力""自信"。

在"最希望提升自己的素质"问题上，有较多的学生认为应先提升自己的"应急应变能力"，其次是"学习能力""沟通能力""决策决断能力""创造力"。

3. 师范院校对大学生领导力的培养现状

在调查中，我们发现，学生们普遍认为领导力特质的培养主要来自"参加社会实践""担任学生干部""课程课堂教育"，在现实情况下，也主要是通过这三种渠道来培养大学生的领导力。然而在问及所学专业是否有提及并进行大学生领导力培养时，只有20.9%的学生回答"经常提及并着重培养"，27.5%的学生回答"学校在学生素质评价中将领导力列入指标体系"，36.9%的学生认为学校实施的领导力教育的受众是普通学生，64%的学生表示从未参加过有关领导力培养的培训或课程学习。从调查结果总体来看，师范院校对大学生领导力的培养力度与学生的实际需求仍存在一定的差距。

二、大学生领导力的培养资源

（一）领导力课程

我国有关领导力的课程建设速度比较慢。例如，2013年，上海中医药大学开启了领导力课程，同时浙江大学、北京大学、上海交通大学、杭州师范大学等多所高校均设立了培训领导力相关项目，如领导力提升培训班和领导力训练营等。一部分课程的组成部分主要有知识模块，一些领导力课程则主要依赖引进，也有一些课程与地方大学院校自身的课程有机融合，将领导力课程纳入选修的范畴。通过调查我们发现，领导力选修课程、选修专业、领导力证书是国内相关课程的主要形式。[①]

尽管我国大学生领导力课程发展时间晚了一些，但是开发的速度较快。在相关课程上逐步向知识模块整合发展，由第二课堂逐步迈向第一课堂和第二课堂并驾齐驱的方向。同时，领导力课程还放眼世界，将国外一些优秀的课程引进国内。

（二）领导力辅助课程

从形式上来看，国内的相关辅助课程大致和美国相同。现阶段，我国的辅助课程主要为课外活动，包括实践学习与理论学习。其中，后者主要有小组探讨、专家讲座和主题研究等。专家讲座活动会邀请著名教授、领导干部和企业家等传授相关知识，内容包括创新能力、思想理念和决策能力，以及公关技能等。主题研究指的是设立训练营和课题组，对学生成长等方面进行探讨。小组探讨为组织相关主题研讨会。前者涉及对外交流、

---

① 崔文霞. 当代大学生领导力培养与探索[M]. 上海：上海人民出版社，2021：83.

素质拓展、暑期社会实践及参观考察等。在素质拓展方面，各高校会组织学生展开团队训练等；同时，帮助学生在假期进行课题调研活动，即寒假返乡调研；对外交流则会和相关部门进行合作，组织一部分学生到其他国家或者地区学习；在暑期组织学生积极与相关单位联络，进行自主实践活动，这就是暑期实践。

我国的领导力辅助课程如同可以打开所有门的万能钥匙一般，虽然以往的活动并非为领导力发展而精心设置的，但是只要当前或未来重视领导力相关活动，那么领导力辅助课程的范围就会不断扩大，融合更多的课程。由于辅助课程不断深入发展，一部分课程活动会逐步形成特定形式，同时还会有新开发的形式涌现，和我国现有文化进行交会、结合。

（三）领导力会议

我国领导力会议辐射的范围比较小，偶尔参与的对象是学生，有时则是学者和教授等。通常情况下，会议的时间为一天，差不多在周六或者周日举行。地点在上海地区高等院校，该地的大学会依次负责筹划。到现在为止，我国还未组织过国家范围的领导力教育会议，而只是面向一部分高校开放，会议正式开始之前会发邀请函，学生参与全国领导力会议的资料信息目前还未见到。

中国大学生领导力研究发展中心在组织的年会上不断更新主题，参与人员的范围还在持续拓展中。

（四）领导力工作坊

美国的领导力工作坊数量较多，我国却很少，极少有大学生会关注这一方面。工作坊是不断提升自己的特定模式。通常情况下，工作坊有一位在特定领域技能精湛、经验丰富的主讲人，引导10人至20人的小组，借助即兴发言和活动等模式对特定话题进行集中解析。目前，与领导力工作坊相似的项目是上海理工大学的领导力课程。

（五）特色领导力项目

目前，国内各大学院校都有党校，面向青年学生进行党员教育，这符合我国现代化建设要求，同时也是确保青年学生全面发展的必然要求。在党员领导力项目中，一直将理想教育置于重要位置，围绕时代主要议题与挑战考验，对大学生的领导力进行深入挖掘，并与高校学生的现状相融合，不断改进领导力教育模式，将党员教育和高校学生的成长相关联。华东政法大学在党员教育领域添加了领导力知识模块，突破了传统的理论分析模式，备受高校学生和党员们的青睐。

我国各大学院校都会执行的项目就是暑期社会实践。一些大学鼓励所有学生都要参与暑期社会实践，促使该项目在高校学生的成长与发展中发挥关键影响。一些高校加大了资金和人力的投入，全面规划组织学生实践活动；一些大学院校还将部分比较成功的项目拿到市里或者其他地区参赛，以充分调动学生的兴趣。通过暑期实践活动，高校学生逐步掌握了领导力相关知识和能力，如活动策划和执行、活动总结和宣传、建设团队、经费人员设置和规划等。

第二节　校内教育提升大学生领导力的路径

一、以思想政治教育引领大学生领导力的道德品质

目前，我国高校的教育制度越来越注重学生的知识与素质的提高，而高校的德育工作则更加注重学生的深层价值观与品德修养，这也是当代大学生政治领导力学习的主要途径。高校思想政治工作对高校学生的政治素质和德育因素的作用主要包括引领学生的思想意识、提高政治素质、日常行为规范三个方面。[1]

（一）引领大学生思想意识

1. 开启大学生共同理想愿景

理想信念是高校学生领导力的一种心理力量，是其政治思想的来源与指导。大学生的共同梦想可以通过以下三个问题来阐释："他们的努力方

---

[1]杨海燕. 大学生领导力[M]. 北京：中国言实出版社，2022：55.

向和目标是什么？""他们未来对自己和祖国的期许是什么？""他们的努力方向是怎样的？"大学生共同的梦想就是自己知道要做些什么，这样做的初衷和目的是什么，有什么样的社会价值。作为一种可以标记的大学生共同的理想愿景，不仅表现出一个民族与社会的共同理想，而且表现出大学生之间的共同愿望，将其作为人生质量的衡量指标，以及作为大学生自信心与骄傲的精神支柱，可以为当代大学生行动的价值创造理论上的支撑。

虽然"在现实社会中实现自我价值的升华"是大学生共同的理想愿景，但在实际运作上具有差异化与个性化的特性，个人的理想目标和实现途径也各有差异，表现出大学生个人性格的精彩性和丰富性。"条条大路通罗马"，现代社会的成功之路广阔而多样，大学生应在自身的特点和优点的基础上找到个人价值与国家、社会、组织三个方面的价值取向融合之路，寻找适合自己的共同理想的实现方法和具体途径。在实际运作中，大学生共同的梦想与国际进步的大方向是一致的。在理论指导、价值取向和行为导向等方面，大学生共同的理想愿景既是统一的，也是社会和个人事业发展的必然要求，这体现了大学生发展与进步和社会发展是一体共荣的，也传达了当代社会的普世价值观和原则性，是大学生实现个人价值、社会价值和国家价值的有机结合。

（1）高校思想政治教育拓展了大学生共同理想的政治内涵

建立一个具有普遍意义的社会认知目标，是一个有远见的建设性意见，是一项宏大的工程。大学是人生一段重要的时光，如果此时没有树立远大的理想和抱负，就会失去人生的目标，失去前进的动力。正是因为这样，大学生的成长和成才离不开思想政治教育，大学生正是接受了这些教育才有了更广阔、更激动人心的前途，更有希望去创造更美好的生活，不会被束缚在自己狭隘的世界中。对大学生进行思想政治教育，可以激发大学生共同的理想愿景，为实现一个共同的理想愿景，使其凝聚为整个社会的力量，并为其宣泄理想信念的力量打下坚实的基础。高校思想政治工作为大学生打开了历史、现实和未来的窗口，为他们树立起为共同的梦想而努力的目标。

第一，高校思想政治工作为大学生提供了一种全新的学习方式，开拓了他们认知世界的视野。中华优秀传统文化给大学生树立了强大的文化自信，千百年来中国人的不懈奋斗的历史让他们对自己是谁、来自何方这一问题有了理性的理解。新时期的大学生，身为民族复兴的中流砥柱，如果没有这种责任感，就很难承担起历史赋予的使命。与以往的职业教育相比，高校的思想政治教育立足对历史的继承与发扬，充分发掘其历史的实际意义，对其历史的价值内涵予以全面关注，其意蕴深刻，能融入大学生的血液中，将新时代大学生的历史使命与当代大学生自我奋斗的精神合二为一。高校思想政治工作为大学生开启了一扇"窗口"，让所有大学生认识到共同的历史基础，激发他们对民族使命的共鸣，使他们聚集在一起，共同为崇高的理想而奋斗。所以，高校思想政治教育要通过语言文字和情感的迸发，汇聚有着同样热血和民族自豪感的大学生，在共性的基础上展望未来，激发他们心灵中光辉的民族性，这样才能使大学生塑造出崇高的个人魅力，影响更多的有志青年。

第二，高校思想政治教育工作为大学生提供了一种新的认知途径。高校思想政治教育使大学生正确认识社会现状，认识改革开放，尤其是十八大以后我国所获得的巨大成就，以及在某些方面存在的不足，并接受多元的中国文化，从我国实际国情出发，立足现在，转变思想，改变未来。思想政治工作能够解决大学生中"好高骛远""目光短浅"的毛病，有助于他们对客观世界的认知与重构。培养大学生，必须立足于客观实际，否则"为实现自己的理想而努力"就是一句空话。我国大学思想政治工作具有特殊的优势，它可以为学生开辟一条新的求知、求是之路，培养他们掌握建设社会主义所需要的各项技能，并学以致用，在未来的国家发展建设中贡献自己的力量，增强我国的管理体制和治理能力的现代化建设，为祖国培养更多综合性的建设者和接班人。

第三，思想政治教育给学生提供了一扇通往光明的窗户，让他们看到更多美好的梦想，它们来自个体，又超越了个体，最终实现了个人价值与社会价值的统一。追溯到200多年前，卡尔·海因里希·马克思（Karl Heinrich Marx）将它们概括并提升到更高的境界，转化为伟大的共产主义理念，并将其奉献给整个社会，鼓舞着整个人类。对大学生进行思想政治工作教育，可以使他们对人类社会有更为全面的认知，进而为确立自己的生命目的、实现自己的理想奠定理论基础。

（2）高校思想政治工作是实现大学生的共同理想的启蒙

思想政治建设可以为大学生描绘未来的共同蓝图，让他们自觉地维护伟大的共产主义理想。它所提倡的共产主义理想、中国特色社会主义的普遍理想，是当代高校政治思想教育的主要价值观，如"为实现全人类的自由而努力""为实现社会公正、实现阶级平等而努力""为全人类谋福祉""人与自然的和谐发展"等诸多方面的价值导向，都体现了政治思想教育的核心。它可以使大学生意识到所有的美好、理想主义、真实存在、美丽品质对每个民族和个人都是一样的，这样才能使人们在寻求相同的基础上，在保留各自特性的同时，更容易聚集更多的力量去实现自己的梦想。

（3）高校政治教育是大学生理想信念的新起点

高校思想政治工作之所以能构筑大学生共同的梦想，是因为它激发了大学生的主体自觉与积极性。经过十余年科学与文化的熏陶，大学生可以用科学的目光看待社会的发展和人类的进步，但是大学生对什么是科学理想、怎样从历史走向科学理想，以及人生价值和社会价值的融合还没有清晰的认知，甚至有一些大学生还存在庸俗、反科学的人生价值观。马克思主义从本质上揭示了人类发展的基本规律，对于帮助大学生树立健康的人生观和世界观，以及解答大学生关于理想信念的困惑都发挥着至关重要的作用，可以说是当代大学生的指路明灯，帮助大学生在学习阶段找到自己人生的道路，而不是在灯红酒绿的欲望世界里迷失自我。大学生在融入社会的主流实践中，积极主动地唤醒自我意识，为自身的发展做出贡献，从而达到自己的人生目标。这种自立的动力来自其自身的觉醒，这种自觉将会伴随着大学生在未来的生活中不断地奋斗，并在价值层面实现从必然宿命到自由命运的跃迁，从此获得理想的自由生活。

思想教育提倡的"高尚"的理念，使得我国各族群众的共同理想更加丰富，更加具体，对大学生的"理想人格"和"实际生活"更加具有吸引力。比如，政治思想建设所提倡的小康社会建设，人与自然的可持续发展理念，都立足于努力满足人民生活的实际需要，振兴乡村，这些社会意识和国家政治方针理念与当代大学生的学业和职业梦想不谋而合，使国家各族人民的共同理想更有效地引导大学生的学习和未来工作，为开启中国特色社会主义伟大事业新局面积累新动力。高校德育工作所提倡的"高尚"理念，既是实现中国人民共同美好愿望的一个关键环节，也是实现"共通"愿景在大学生中的一个落脚点。实现我国各民族的共同梦想，与大学生个人、家长的意愿和个人择业兴趣密切相连，大学生在现实中发现自己的社会主义理念和现实的交叉点，政治思想会以其独特的宏图魅力吸引着广大大学生为之而努力。

高校思想政治工作所提倡的民族理想，将个人的人生理想、职业理想、社会理想有机地结合起来，是对学生诉求的一种回应和扩大，但更多的是对大学生将来的考虑，对其不懈追求的一种肯定。因为即便是一个理想的发展状态，也不可能一蹴而就，而是要花费数年的时间和精力去完成的。不管是大学生个体，还是带领了几个学生的小团体，抑或引领了数十个班级的小团体，又或者一个拥有数万名学生的校友联盟，他们的理想和愿景都将成为大学生领导力的指引。

思想政治教育可以为大学生提供一个共同的理想蓝图，让他们找到一种可以激励他们的精神力量方式，从而激发他们的灵感，促使他们一起努力，共同为了一个目标而奋斗，让他们知道自己的人生追求，将自己的精神和精力都集中在一个充满激情的地方，让他们找到自己最关心的价值，从而让自己成为一个对社会有意义的人。同时，它也可以使他们对自己的理想目标产生积极的影响，使他们认识到与自己的激情相匹配的利益，进而发现自己的领导能力发展道路。思想政治教育是一种以历史价值观为导向的教育，它使大学生在生活中找到自己生活的价值，并深刻地感受到对自己有意义的东西。高校教育者要以当下新鲜的时政信息为材料，引导大学生深刻领会党的基本理论、基本方略和治国理念，在复杂的现实中冷静下来，以乐观和开放的态度去观察了解，在人民的情绪中聆听，了解当前的情况及国家和社会的发展动向，对国际国内重要事态的发展保持高度的专注，学习处理在社会管理中遇到的负面情绪，打消不满情绪，高举社会主义的旗帜不动摇，在"四个意识""四个自信""两个维护"的精神指导下，敢于对反动派和不和谐的声音"亮剑"，培养稳定、坚强的人格魅力，塑造当代大学生的风采。

人类在各种社交场合或者实践活动中往往更注重当前的利益或者当下的得失，缺少外在的心理动力，这样会导致自己失去动力，甚至失去目标。而对当代大学生来说，最幸运的是他们能够获得一种外在的精神动力，这种精神动力能够激励他们把更多的时间和精力放在对将来的愿景上，并利用自己的想象，在思维的汪洋大海中找到刺激的可能性。而这种能够给人带来希望和憧憬的动力就是政治教育，它放大了大学生的无限能力，让他们认清现实的发展，树立敢为人先的勇士精神，去奋斗、感染一批又一批有识之士。

由以上不难看出，在高校实施领导能力的过程中，高校德育工作为学生的想象和领导能力搭建了一条理想的纽带，即不断地进行思想政治工作，让学生认清自己最需要的是什么，从而深刻地聆听这些"心律"，寻找理想的根源，从这些东西中汲取它们存在和发展的客观法则，从而间接地发现它们存在和发展的内在价值。其价值之所在，是其通识教学的普遍性，无论何种环境、何种理念，其教学的时效性都是同步的，从而使得个人、群体共同参与对将来的设想中，既不存在由上至下的"塞入式"教育，又实现了学生对理想无尽可能性的共同想象。把一代人的思维与价值观的变化聚焦于一个具体的地点和一个特定的时期，这是一项具有很强的影响力的工作，它的内涵可以是自发的、不受约束的，也可以是包含自下向上的共同价值观的净化，是一盏对大学生的领导价值观的塑造与发展有益的指路明灯。

2. 培育强化大学生政治意识

高校思想政治教育是高校毕业生在实现自身优秀素质到领导力转变的重要途径，是促进其实现物质目标的动力来源，也是其为理想化的愿景奋斗的最初驱动力。大学生领导力的形成与提高需要具有科学理论知识和实践工作的丰富经验积累。要判断一个大学生是否具备领导者的潜质，就要看其是否拥有其他人没有的个人特色和本领。大学生的自身卓越能力、领导理论、实践经验、综合素养、行动转化效率等都是其成为领军人物不可或缺的媒介和催化剂。只有在这五个思想层面的激励下，才有可能造就出一名优秀的大学生领袖。

政治自觉是一种具有领导力的具有一定政治知性、政治情感和政治意愿的整体，是一种具有直接领导体验的个体表现形式。政治知性是指大学生对政治行为和法律的理性追求，是对政治规则的理解和把握；政治情感是指大学生对社会环境的感受与体验；政治情感是大学生在实现自我价值和社会价值中的价值观融合。在大学生的思想观念中，政治自觉是一种媒介，包括信心、毅力、耐力等。政治自觉具有目标性、能动性和自觉性等特点。

根据时代特征，我们可以将大学生的政治意识发育分为三个阶段：第一个阶段是由政治意志引导的思想养成和政治教育；第二阶段是以认知、社会经验、人文意识和生命意识为主要内容的发展和延续；第三个阶段是最后的升华阶段，在发展过程中，体现出忧患意识、责任意识、民主意识、法治意识和创新意识等方面。大学生的政治自觉形成与增强，是个人从平庸迈向优秀、从肤浅走向深入、从个体走向团结的过程。

从领导进程的角度看，它是追随人对整个组织运作的全过程所产生的心理、行为理性共同认知。在这种情况下，领袖和追随者之间的互信是其政治自觉的表现形式，也是领导力得以建立的基础。除此之外，领导者与追随者之间必须有更深刻的交流与理解，并在此过程中形成一种精神上的信任基石，进而形成领袖与追随者之间的互动。

（二）提高大学生政治素质

从长远看，未来各个方面的领导人才都是高校领导力的一种新的发展和延续。用发展的观点来讲，就是现在的大学生领导能力和个人素养，很大程度上决定了未来领导者的水平。根据这个观点，我们可以得出这样一个结论：高校毕业生的思想品德不仅是其领导能力的基本要素，而且是今后各方面领导能力的基本要素。这就提醒我们，提高大学生的政治素养，不仅能培养大学生的领导能力，而且能为今后各个方面的人才输出提供源源不断的后劲，并能为将来社会的领航者打下坚实的政治思想基础。政治素养是大学生步入职场必须具备的基本条件，如"团结合作"与"坚持原则"的能力与质量，是贯穿每一名学生的学业与工作全过程的。提高大学生领导者的政治素养，既能提高他们未来的领导能力，又能使国民素养在潜移默化中得到提升，是一种简单而又高效的教育机制。

新中国成立后，国家十分注重培养并提高大学生的综合能力。在社会主义初级阶段，由于通识和人本主义培养还没有形成，我们的前辈在马克思主义指导下吸收了中国共产党先进的党内政治教育实践，继承了抗大等的工作实践，形成了以马克思主义为指导，具有鲜明的中国社会主义政治立场，兼有通识与人本两个方面作用的政治思想意识。它的目标是培育忠诚的马克思主义者，为继承与发展马克思主义做出杰出的贡献。21世纪以来，面对国际、国内新的发展形势，我国高校思想品德建设、思想政治教育，特别是思想品德教育已顺应潮流的变迁上升到新阶段，提高思想道德修养、实现国家复兴重任是高校自身素质提升的内在需求，也是党和国家对其提出的历史要求。

进入社会主义建设新时期，时代对大学生的综合素质要求越来越高，越来越全面，而身处社会"象牙塔"里的大学生，尽管他们可以随时接收到大量的资讯，但他们的政治判断力和政治敏锐性还有待提高，对中国特色社会主义道路、理论、制度、文化的自信心还有待提高，对社会主义的伟大理想和中国特色社会主义共同理念的理解深度还有待加强。因此，要提高大学生的政治素养，就必须提高他们的思想道德和政治觉悟修养，促使他们在广大的社会中起到模范带头的作用，进而促进我国的管理体制和治理水平的提高。"新时期"的时代任务是通过"新时期"的思想政治工作向"新时期"传递社会责任和普世的价值观，而"新时期"价值观的传递则离不开大学的政治思想教育，要想使这种社会主义核心价值观推广到全社会，大学生的传播性和广泛性是毋庸置疑的。高校领导者的政治素质特征决定了其道德素质和法治素质。以下主要从思想政治教育提高大学生政治素养、觉悟和指导大学生行为准则、道德标准等方面进行了阐述。

1. 奠定大学生道德素质根基

（1）思想政治教育促进大学生树立道德观念

德育思想在领导行为中起着主导作用，而德育思想品质则是其领导行为的根本。德才兼备、以德为本的原则，一直以来都是领袖和民众共同坚守的认知。追随者与普通大众之所以重视领袖的"德行"，是由于建立和维护公众的生命和财产价值与公众的"德"的准则精神不谋而合。在此基础上，我们甚至期望领袖拥有一种更加高尚的品德，让追随者和民众在领袖的美德中得到一种政治上的安全，他们无须过于担心社会或组织的根本准则对每个人都有不同的约束标准，也不用担心自己的正当权益受到侵害时申诉无门，因为建立在基本的伦理准则基础之上的领袖与伦理法则也可以发挥保护人民基本权利和生命健康的作用。正是有了这种德行机制，人便可以摆脱无谓的精神内耗，专注于社会生产问题，专注于为国家建设发力、为社会各界带来欣欣向荣的局面。如果没有这些基本的道德品质，就会让人们在国家、社会和组织之间的资源争夺中疲于奔命，特别是社会生产关系的崩塌，会导致社会各方面的资源相互吞噬。

若从"性本恶"的理论根源入手，我们可以得出这样一个结论：没有伦理理念作为行为准则的领袖，就一定会在实际的生活和工作中出现偏离普世价值观的行为和举动。在此理论基础上，培养德育的实践意义是十分迫切且十分必要的。德育在高校教育工作中具有现实的作用，是加强高校德育工作必不可少的环节。在高校德育工作中，德育工作存在一套完备的德育制度，包括理论和实践教育的主要内容，以及现实实例教育，该制度可以有效地提高高校德育工作的质量，在大学生的血液里种下德育的种子。具体来看，在思想政治工作中开展传承雷锋精神等活动，可以使大学生在"三位一体"的道德基础上，形成一种"以人为本"的良好的德育理念。在学习、工作、生活等方面的抉择中，道德教育可以给大学生带来价值抉择，从而指导其做出与组织道德、社会道德和国家道德相一致的抉择，也就是趋向"公平""正义""善"的抉择，这是德育教育的核心作用。鉴于此，在德育方面，高校德育可以引导学生在面临善与恶、公与私、是与非之间的抉择时，根据最起码的伦理原则，做出与社会伦理道德、公序良俗相通的"公""善""是"的抉择。在这种情形下，善与恶、公与私、对与错的伦理评价都会变得模糊。因此，通过对大学生的道德判断，可以有效地减少对社会的模糊评价，从而形成一种普世的价值取向。高校德育可以为大学生提供以德育为基石的德育理念架构，以"梁""柱"作为德育的基本准则，搭建德育的核心框架，从而使其在思想与行动中自觉地坚持自己的伦理准则，并在其自身的道德规范中进行学习、领导活动。因此，高校德育是高校教育工作的一项重要内容。

（2）思想政治教育促进大学生崇高价值目标的追求

在以"性恶"为基础的"道德底线"进行道德规范的基础上，思想政治教育可以以"性善"为基础，以高尚的伦理理念为基础，有效地激活学生内在的"善"之力量，为实现高尚的价值目的而奋斗。在高校德育工作中，对学生进行"理想信念"的培养，有助于学生确立高尚的人生价值取向，为组织、社会、国家事业做出自己的贡献。理想信仰的教育，是大学政治思想教育在大学生心中树立崇高的价值观，通过梳理具体的崇高价值目标，发扬社会主流思想和价值观，在崇高的精神世界深耕细作，创立自己的精神世界，引导大学生追求真、善、美，提升他们的人生境界。德育起着规范约束大学生行为的作用，明确地告知他们什么是对，什么是错，让他们认识假、丑、恶的本质，从心里摒弃违法违纪行为，引导其追求崇高的人生目标。这是思想政治教育为大学生划定的价值目标红线，是高校德育对高校德育工作价值取向的基本要求，即高校德育工作对高校学生行为的指导作用。大学生不仅可以提升和宣传高尚的理念，还可以用道德标准来要求自己，全面提升自己的政治思想素养。总而言之，高校德育工作的开展确立了德育的底线与价值取向，促使和指导大学生树立高尚的价值观。

在高校德育工作中将理想信仰与品德相融合，可以促进大学生对高尚的个性的追求，将正义、勤奋、造福人民作为高尚的品格，作为自己在今后学习和生活中的行动指南，以促进组织团结、社会和谐进步、国家富强文明为最高人生理想。中华优秀传统的德育内容可以使大学生在追求高尚的价值目标时，始终保持正直、真诚、内敛而又不失格局的精神品质，在实现理想的路上，始终保持乐观、直面困难、迎难而上，为大学生增强高尚价值目标的指导性和勇于斗争的勇气。在大学道德教育中进行社会主义核心价值观教育，能够切实传递社会责任、民族精神和当代任务，促进大学生树立正确的理想，把追求的激情和崇高理想的信念转变成行动，用实际行动引导人民群众走向更加美好的未来。

当前，我国的思想政治工作拥有新的历史使命，它要求培养有崇高价值观追求的优秀青年领袖，提高我国的政府管理水平，用现代化的管理水平应对深化改革和全面开放带给我们的发展和挑战。历史的重担落在了当代大学生的身上，只有通过加强政治思想教育，引导大学生从低级的物质追求中解放出来，更多地关注自己的精神世界，才能树立崇高的人生理想和道德标准，为社会主义的接班人做好思想和行动上的准备；同时，高校思想政治教育工作也要通过对大学生进行理想和品德的培养，使他们能够将个人的价值和对崇高理想的追求紧密地联系在一起，在工作、生活中不断地追求高尚的人生。

（3）思想政治教育促进大学生权利道德责任的履行

对高校学生进行思想政治教育，可以培养他们对权利的认知，明确权利的产生与运用，有助于他们对权利的正确理解，也有利于他们在日常行为规范中提高自律性。尤其是高校领导干部，其德育工作中的"诚信"等方面的内容，有助于其更加注重"权利伦理"，真正担负起"领导职务"的职责；引导大学生提高道德品质，正确理解领袖与追随者、群众关系中权利伦理问题，包括权利道德意识、权利道德规范和权利道德要求，进而确定权利使用的道德规范，如权利经得起监督；通过培养大学生对自己的权利和伦理期待，提升自己的道德品质，并在行使权利时将其意识转化成一种伦理的指导。

加强大学生尤其是高校领导成员的权利、义务等方面的能力建设，有利于实现他们对权利和伦理义务的平衡。比如，大学生组织权利获取途径、权利行使的界限和自由程度等问题的探讨，使其在权利支配和权利运用的主体之间产生一定的联系，从而使其认识到权利行使中必然存在的主观问题，进一步自觉地利用马克思主义理论和方法来自觉地降低权利使用的主观性。同时，通过对大学生进行思想道德建设，使其能够根据人民的意愿，对其进行有效的行为制约，使其实现自身行为和外部意识的统一，最终形成其独特的领导价值观，促使其将上述理念转化成对自身的道德义务，实现制约和规范权利运作中的主体性领导思维惯性。

（4）思想政治教育促进大学生道德自律能力的提高

大学生的道德修养是高校思想政治工作的核心内容，也是影响当代大学生政治素养和道德自律的基本。高校德育工作是高校全面建成工作的重要内容，直接关系到高校德育工作的效果，也直接关系到未来社会德育的传播范围和质量。所以，在高校德育工作中加强思想政治素养教育对于培养高素质的未来接班人具有现实的意义。

高校德育工作中的"核心价值"是高校德育工作的重要组成部分，它的核心思想能够引导大学生向社会主流价值观靠拢。它的培养历程与现代大学生的主体性和自主自觉地实现目的是一致的，无论从主观方面还是客观方面研究，都有助于提升其自身的道德自律性。

高校德育是高校德育工作的重要组成部分，是大学生养成良好的社会观和价值观最基本的理论指导。德育是指在社会转型时期，在多种领导理念的交错作用下，对大学生进行以"人性本善"为基础的德育理念教育，从而在构建"伦理价值观"和"道德抉择"时充分吸取中华优秀传统文化和当代文明的有益的伦理价值观。在加强高校德育工作中，同时要辅助加强高校关于理想价值的宣传引导工作，加强高校教育工作的全面性。比如，在网络道德生活的支配地位下，在道德规范的引导下，对学生进行道德规范的要求、树立道德规范、明确道德标准、树立为人处世的道德准则等能够产生积极的效果，同时对大学生道德品质的塑造做了正向的铺垫。通过自我认知的引导、自我学习的强化及道德自律的自我反省等方式来加深大学生对道德的认知程度，提高高校德育管理水平，增强高校德育工作的公平性和大学生的社会适应能力，全面促进大学生道德自律习惯的养成。

2. 培育强化大学生法治素质

（1）思想政治教育促进大学生法治观念的树立

法治理念是当代社会领袖对人的一种最根本的影响，也是领导理念的提高，更是社会管理水平的提高。作为一名合格的领导者和追随者，必须具有法治意识，在法律的约束下去领导、去追随，一切领导工作必须在法律允许的范围之内进行，对其语言和行为进行法律的规制，且约束的范围和对象对所有者一样具有法律效应。高校思想政治工作是以法治教育的形式，让大学生养成遵纪守法的习惯，用法律理念和行动来集中领导力。在大学生建立法治意识方面，不仅加强了大学生的法治意识，而且保证了他们的权利，并为其今后的领导工作提供了思想依据。

在高校思想政治工作中进行法治宣传，既可以强化大学生的法治意识，又可以促进大学生学法知法的积极性，还可以有效地克服因法治意识滞后、法治观念脱节而给学习和生活带来的各项困难，全面提升大学生对依法治国之路的认同感。通过对大学生进行法治宣传，可以让他们对人性和法律之间的关系有更好的认识和把握，从而树立对社会正义和人性良善的引导作用，从根源上杜绝大学生以言代法、以身试法的行为，弘扬法律精神在大学生心中的崇高地位，为今后的领导者树立法治领导的良好的社会环境。

（2）思想政治教育促进大学生法治思维的养成

法治思想是以法治的领导理念为指导思想，通过自己的主观性和对事物形态的客观认识，判定、分析、适应和改变领导思维的一种方式。同时也是指导大学生在领导中学会使用以法治精神、法治原则、法治思维为基础的正确理论，去面对来自外界复杂环境的根本价值观导向。它的实质就是以法律的准则为架构，从权利和义务的角度去认识、分析和整合领导情境，运用法治手段进行领导决策，确认和分配权利和责任，使其在领导、评价和教育等方面起到正向引导和评价的作用，使领导真正达到为以社会为基础的正义价值观服务的目的。

大学生的法治意识培养是由多个阶段逐步推进完成的。一开始，在对大学生进行法律领导活动的认识和判断领导活动相关问题等方面进行常规的理论认知教育，然后在法治逻辑推理方面指导大学生根据法治的基本原则和规定对领导活动的问题进行分析。在领导的全面决策中，要全面考虑法治与社会经济、政治、文化等多个层面的联系，并严格执行法律法规的要求，进行全面的领导和统治，制订相应的工作计划，辅助领导的有序进行。通过对大学生进行法治教育，使其从上述层面进行法治思维的培养，能够将权利的法律来源、权利的法治边界和权责利益的有机结合作为自己的领导思路。

（3）思想政治教育促进大学生法治能力的提升

高校思想政治工作要以法治教育的模式引导大学生自觉遵守法律，自觉维护法律的地位和尊严。不仅如此，还要加强大学生对法律法规的执行力度，使法律的影响力能够约束大学生的行为规范，让其明白法律的不可违抗性，将法律法规视为"高压线"，明确法律的界限。笔者从近几年我国的领导干部违法行为中归纳出一些共同的原因，其中由于缺乏对法律的尊重，导致领导行为与党的誓言不协调。为防止此种情况的持续性高频率发生，加强大学生法治观念的培养十分必要，这有助于大学生从根源上夯实法治基础，加深他们对法律法规的理解，并从根源上解决法律意识薄弱的问题。除此之外，加强大学生的先锋意识，促进他们成为学法、用法、守法的先进典型，提高他们的法治领导能力，为全社会树立起新风向。大学生的法治引导能力是以法作为其主导作用的基本架构，从而确保其公正、公平。高校思想政治教育是把高校德育工作与先进法治相融合，把大学生培养成依法治国的新生力量。

高校思想政治教育要以法治教育的方式，引导大学生成为遵纪守法的楷模，在敬畏法律、尊崇法治等方面起到表率和先导作用，充分发挥新时代大学生的法治精神和法治先驱的精神风貌。高校思想政治教育要丰富法治教育的方式，引导大学生以法治为基本的领导和行为方式，提高其运用法治进行工作和自我保护的能力，使大学生在法治的框架下充分发挥自己的专业特长。大学生通过法治教育将法治精神理念和思维与自己的生活和学习结合起来，提高大学生运用法律手段保护人民权益的意识，可以为维护法治秩序和社会环境的稳定注入新的动力。通过对大学生进行法治和理想信念的双重教育，加强对大学生法治能力的培养，运用法治思维，加强法治观念，扩大法治基础，让大学生在法治实践的过程中体会到法治建设与自身利益的联系，不断吸收正向能量展现特殊的领导能力，激励他们用法律思维去看待问题、分析问题，最终有效地化解问题。此外，在判断、制定方案、探索路径等方面，都要以依法治国的力量为主导，运用法律手段解决社会中的各种冲突，以法律理念、法律思想引导高校领导人才的建设。

二、用学科专业教育增强大学生领导力的创新能力

学科专业教育不仅为培养大学生领导力提供了实践的机会和应用的环境，同时也满足了大学生提升领导力素质和能力的内在需求，是大学生领导力广泛意义的体现。在学科专业教育的过程中培养发展大学生领导力，有助于提高大学生的专业水平和综合素养。有些专业教育涉及领导科学，可以直接有效地引导大学生的领导力教育。大学生领导力的创新要素包括创新的意识、资源和平台，而学科专业教育可以强化创新意识、整合创新资源、搭建创新平台，促进大学生领导力创新水平的提升。

（一）强化大学生创新意识

在封建社会中，"生产能手"即可成为领导者；而现代社会的领导者更讲求"科学领导"，他们不仅懂得如何遵循自然和社会发展的规律，还能在此基础上不断创新思想，创新方法与实践，这是新时代对领导者的基本要求。创新意识和真理素质是学科专业教育的内核，大学生虽然不能通过这种教育掌握所有的学科知识和规律教育，但如果刻苦钻研，一定能参透其本质，提升综合素质能力。学科专业教育通过营造情境发展大学生的领导力，大学生只有在实践的过程中追求真理，不断提升创新意识，树立正确的世界观，在未来的应用中才能做到科学领导，而这些必须经过系统的专业教育才能习得，并非仅靠阅读几本蕴含创新思维的前沿书籍可以实现的。以往的科学专业教育在营造领导情境时多被赋予个人主观意识，大学生只能通过主观臆断和关系距离来理解领导活动，而"科学领导"强调领导力的创新，彻底打破了这种局面，大学生学会了通过效应判断，即客观现实与行为的相互作用，以及客观的社会经济来理解领导活动，可见只有基于科学领导情境和客观领导观念的学科专业教育才能真正促进大学生领导力的创新。

大学生领导力最显著的优势就是创新意识，而学科专业教育通过领导力情境可以直接引导大学生领导力朝着创新的方向发展，同时也明确了大学生领导力素质和能力的内在需求，这与知识经济时代所提倡的创新领导活动相吻合。贯穿创新意识的学科专业教育为大学生领导力的科学实践、持续发展提供了可遵循的原则和思想基础。高等教育专业不仅可以提升大

学生的专业知识水平，还从科学和创新的角度发展了大学生领导力，使其成为高复合型的领导人才，更好地服务于国家的现代化建设。

提升创新意识和专业水平是学科专业教育下大学生领导力的基本要求。通过系统严格的学习，大学生可以用更专业的眼光、更宽广的视野创新活动，科学领导。在领导情境的具体实践和应用中，大学生的专业理论体系更加健全，领导力核心因素得到加强，尤其是负责完成各项任务的大学生领导者，可以充分发挥自身的领导能力。当代年轻人兴趣广泛，喜欢追赶时尚，但很多人并不具备相关的专业基础，他们的追捧和喜欢是浅层次、不求甚解的。同样地，大学生开阔视野、创新领导力也需要具备从专业教育中积累的专业基础，即在领导力范畴内迁移各种思维的能力，包括机构化、专业化理性思维和系统思维，换言之，就是专业化思维、能力与大学生领导力的核心要素，两者之间的相互转化，将来源丰富的大学生领导力集合在一起。学科专业教育之所以可以激发学生的创新意识，在于它营造了稳定的共创文化氛围，通过大量的实践活动，大学生逐渐融入共创文化的网络结构中，其创新能力在不知不觉中得到了提升。

（二）整合各类创新资源

近年来，产学研合作机制在创新领域得到了广泛的认可，其发展离不开培养创新能力的学科专业教育。高等院校与企业、科研机构建立合作关系，将各自的优势集合在一起，实现了资源创新，各种类型的创新资源为大学生发展创新能力创造了条件。如大学生通过各种市场调研活动，不断拓展创新视野，了解市场趋势会随着技术创新而改变，意识到根据市场需求寻找创新机会的重要性，否则就会引发创新风险。此外，大学生利用基于合作机制下的创新资源进行专业创新的实践和应用，有利于合作意识的培养，促进其在今后的工作学习中获取更多资源开展创新活动。

实践是创新的基础，学科专业教育充分利用社会资源，为大学生发展创新能力提供更多更专业的应用场景和实践机会。当大学生具备足够多的专业实践经验之后，在方法、风险管理、过程管理的创新过程中就会更加游刃有余，并在此基础上创新知识传播渠道、提升专业创新水平、优化创新流程等。产学研合作机制下的学科专业教育为大学生开展科研活动争取到了更多经费，提升了活动体验，调动了大学生参与的积极性。大学生创新有合作也有竞争，而学科专业教育整合后的创新资源可以更好地协调和保护各创新主体，为其营造公平开放的环境，促进其交流合作，形成大学生协同创新的良好氛围。

多数大学生认为大学生领导力在学习和发展学科专业领域中的要求比较笼统粗略，而组织参与者的领导力在学生组织及学生干部工作领域中的要求更多体现在细节上，将领导力的核心要素按照重要程度排序可以发现，这两种领域中的排序并不相同，且构成领导力的子要素也不相同。

在学科专业教育下，大学生领导力更具科学性、专业性和创新性，为实现其广泛适用性和普遍性奠定了基础。以往的学科专业独立性较强，大学生领导者根据专业需求必须具备相关专业的领导力，即专业能力的扩展，以促进专业的学习和发展，如医学专业领导者凭借其专业的敏锐度、判断、能力及精神，在制定领导决策、实施领导行为过程中所表现出来的专业性领导力，已经成为行业领导者甚至相关行政部门领导者素质能力的基本要求。随着信息时代的到来和知识经济的发展，交叉发展的趋势日益加强，合作共荣已经成为大学生专业学习和发展的必然，而广泛适用性和普遍性是当前培养大学生领导力的侧重点。在学科专业和学生组织领域中，大学生领导力的构成要素基本一致，在领导力的所有要素中，学科专业知识与技能的重要性要高于其他因素。

（三）培育创新创业领导力

学科专业教育为大学生发展创新能力搭建了平台，其中学科创新网络平台连通了高等院校、科研机构和企业，促进了大学生创新主体之间的交流合作。大学生通过校内外的创新平台了解最前沿的科技资讯，学习专业知识，开展创新活动，并借助平台有效转化创新成果，不断积累创新经验。

部分大学生对领导力并不敏感，其性格可能不太适合专业的学习和发展，他们也不会从社会发展的角度来树立个人理想，但学科专业教育为其领导力的发展提供了应用情境和实践机会，他们或多或少都会意识到自身的领导力需求，并提高对领导力的认知。领导力非常敏感的大学生在学习和发展专业的同时接触了领导力要素，在不知不觉中适应了领导力情境，这种锻炼有利于他们健全人格，提升专业知识水平，更好地适应未来的学习和工作。

大学生领导力包含多种能力，专业素质与能力是其重要能力之一，也是形成和发展大学生领导力的基础。此外，基于学科专业教育的创新能力对大学生领导力的形成和发展也具有促进作用，是其核心能力之一。学科专业教育鼓励学生利用专业优势创新创业，并开展相应的实践活动。通过具体的学习和应用，大学生不仅提升了专业水平，还树立了创新意识，为其更好地从专业角度创新思想和方法奠定了基础。学科专业教育的领导力情境为大学生提供了更多创新实践的机会，通过实践，大学生合作共荣、组织策划、协调沟通等能力得到了锻炼，而这些能力共同构成了大学生领导力。

大学生领导力的构成会随着专业能力的进步、学习水平的提升，以及未来专业基层领导者领导组织活动的需求而变化，领导者在制定和实施决策时将更多地依赖专业知识与技能、社会发展客观规律、创新视野以及运行流程与规则。因此，领导者首先需要具备专业基础，通过学习学科专业知识和教育规律，发展学科专业能力。而学科专业教育在提升大学生专业能力和培养大学生专业精神上有着独特的优势，融合了领导普遍性和广泛适用性的学科专业教育，使大学生具备了发展领导力的基础，大学生在其提供的领导情境中不断学习和实践，提升领导力水平，为将来更好地适应其他领导情境以发展不同领域中的领导力积累经验。

第三节　校外教育提升大学生领导力的路径

一、夯实家庭教育塑造大学生领导力的品格作风

在个体形成和塑造领导力的早期，家庭环境占据着重要地位，而大学生领导力在成长阶段的培养也会受到家庭环境的影响。大学生早期品格作风的形成和培养主要取决于两个方面，一是家庭结构，二是家庭资本。家庭教育会对大学生的视野、习惯塑造及胸怀产生影响，而这些决定了大学生会形成怎样品格作风的领导力。

（一）家庭教育对大学生视野的影响

家庭资本包括家庭的经济、地位、文化和社会资本，它们共同作用，影响着大学生的视野，而大学生视野又是通过领导力表现出来的。不同的家庭资本对大学生视野的培养程度也不同，进而导致大学生拓宽视野的发展方向和行动轨迹不同。如果一个家庭具有较多的经济资本，那么他们的子女基于经济优势带来的优质资源和机会，就会有更好的发展和更加开阔的视野，因为子女认识世界的角度和人文视野是在家庭文化资本的耳濡目染中逐渐养成的。家庭社会资本影响子女视野的途径有两种：一种是直接影响，主要通过社会凝聚力发挥作用；另一种是间接影响，主要通过冒险行为、保护行为和接触健康设施发挥作用。以上两种途径也会反过来影响家庭社会资本。除此之外，家庭社会资本还会受到家庭结构、大小、环境设施等因素的影响。

家庭社会资本可分为内部社会资本和外部社会资本，父母的给予、父母的要求、亲子关系等属于内部社会资本，社区环境设施、邻里关系等属于外部社会资本，前者对养成大学生视野可能产生直接或近距离的影响，而后者可能产生间接或远距离影响。研究表明，家庭社会资本有助于集体效能感的提升，有助于个体整个成长过程所处的社会系统闭合度的提升，并促进个体朝着积极健康的方向成长和发展。

大学生在培养品格作风时，家庭中的客体化资本对其产生的影响具有双重性。文化商品本身就是文化价值的一种输出，家庭在拥有商品本身的同时，也能学会创造价值的方法。如果一个家庭拥有较高程度的客体化资本，那么处于该家庭中的个体将会受到巨大的积极影响，个体不仅能够开阔视野，建立正确的世界观，还能拥有更多认识世界的工具，即客体化资本，个体可以根据自身需求开阔视野。

经济资本、文化资本、社会资本的不同，导致家庭占有的资源也是不同的，而来自不同家庭环境的大学生通过家庭资本拓宽视野，那么他们拓展的程度、方式和效果都会存在差异。比如，眼光的独到性、思想的开放程度、思维的全面性、态度的严谨性都来源于大学生视野的高度，它们会因为大学生父母工作性质和环境的不同而存在差异。如果大学生受到父母较多的熏陶，就会养成比较开阔的视野；反之，如果大学生不能从父母身上学会判断事物、认知世界，那么他们拓宽视野的机会就会大大减少。此外，大学生视野还会受到学习情境、原始视野和角色范式的影响，而这些主要取决于大学生家庭的经济水平、培养方式以及文化底蕴。

（二）家庭教育对大学生胸怀的影响

大学生胸怀的培养可以通过能够影响大学生思想品德、胆量见识、理想追求、共情包容等能力和品质的具体形式的家庭教育来实现，最终养成大学生个体的品格作风。

子女胸怀的养成会受到父母教养方式的直接影响，积极健康的教养方式有助于子女胸怀境界的提升，而消极不健康的教养方式会起阻碍作用。采用权威型教养方式的父母，尊重子女对事物的看法和观点，多采用积极肯定的态度面对子女，热情正向地回应子女的行动和诉求，引导子女表达自我，营造利于沟通交流的家庭氛围，明确行为规范并据此评价子女行为，及时批评并纠正子女的错误行为，真诚肯定子女的正确行为。权威型教养方式具有较高的控制程度，比较温和且利于亲子感情，在这种教养方式下，子女更容易养成豁达、温和、积极阳光的性格。而采用专制型教养方式的父母，在进行决策时很少从子女的角度出发，多持拒绝、冷漠的态度面对子女，不关心子女内心的真实想法，不能积极主动地回应子女的表现，经常因为某一错误行为就否定子女的其他行为，总是将个人意志强加在子女身上，如有违背就会严厉批评或给予惩罚，这种教养方式同样具有较强的控制性，但过于强硬，容易让子女产生自卑心理，面对问题时会习惯性逃避，缺乏责任感。放任型教养方式下的子女从小就娇生惯养，在亲子关系中处于主导地位，父母总会满足他们的要求，即使要求并不合理。这种教养方式会影响子女的身心健康，由于父母的长期纵容，他们进入学校和社会后也会习惯性地利用各种手段达到想要的结果，遇事容易冲动，脾气暴躁，奉行"拿来主义"，以自我为中心。采用不作为型教养方式的父母，在情感上很少反馈子女，从不表达爱，在日常生活中对子女没有期望和要求，几乎不管教子女，由于缺乏关注和交流，父母并不了解子女，对于子女的行为，无论正确还是错误均不做反应，给子女一种冷眼旁观的感觉，这种教养方式会让子女养成冲动性人格，遇事爱钻牛角尖，从不考虑他人感受，思考问题容易想当然，从而做出不良行为。

通过分析以上四种教养方式可以看出，在专制型教养方式下成长的子女，受到父母过多的关注，在其制定好的各种规则的管制下很容易形成依赖他人的心理，缺乏自我意识，做事犹豫拿不定主意；在放任型教养方式下成长的子女，从小被溺爱，父母毫无底线地纵容和满足，容易成为利己主义者，缺乏同情心和包容心；在不作为教养方式下成长的子女，缺乏来自父母的关爱和管教，容易封闭内心，产生冷漠的心态。以上教养方式阻碍了子女亲和力、包容心和胆识的养成，而这些正是培养个体胸怀的基本素养。权威型教养方式下成长的子女，受到了父母足够的尊重，父母在可控的范围内给予他们选择和自主的权利，引导其独立判断事物，坚持多鼓励、多支持、多关心、多交流的相处原则，这样子女就会自强自律、富有责任心、包容他人、温和冷静、善于合作和创新。相比另外三种方式，权威型教养方式在培养子女胸怀方面更具优势，随着子女的成长和发展，他们从父母那里得到的自主权越来越大，眼界的宽度和思想的高度也会更上一层楼。

不少学者从家庭经济地位的角度研究个体胸怀的培养，他们认为父母教养方式、学习环境、亲子感情等都会受到家庭社会经济地位的影响，进而对个体胸怀及格局的养成发挥间接作用。研究表明，个体早期的认知水平、学习能力、情绪管控等可以根据社会经济水平和家庭财富状况进行预测。当家庭较为贫困、社会经济水平低下时，专制型教养方式是大多数父母的选择，他们多采用消极否定的态度面对子女的诉求和表现，如果子女违背他们的意志就会被惩罚打骂，亲子关系冷淡，子女极少感受到父母的包容和宽容，这不利于子女胸怀的提升和心理的健康。上文中提到家庭结构不同，对个体领导力的影响程度也不同，而经济资本是家庭资本的一部分，大学生胸怀又是培养大学生领导力的基础，由此可知，大学生的胸怀和格局受到经济资本的影响是基础性、间接性的。文化资本可以直接转化为经济资本，如果一个家庭拥有丰富效益或者较高程度的文化资本，那么他们大抵也拥有充足的经济资本，经济富裕的父母不会为了养家糊口而耗费所有精力，所以他们可以投入较多的时间和经济来实施、监督大学生胸怀的培养。在这种环境下成长的子女更容易塑造优秀的品质，树立崇高的理想，拥有开阔的胸怀。

（三）家庭教育与大学生习惯塑造

子女的仪容仪表、行为举止、谈吐气度、为人处世等是家庭教育的具体形式，在这些形式的共同作用下，子女会养成一定的习惯。子女从小接受这种习惯影响，以这些习惯为基础的习惯培养也是行为习惯的传递程度和形式，他们直接受到了家庭行为习惯、价值观、文化传统等的影响，并将持续伴随至大学阶段。

大学生领导力的培养和发展还会受到家庭教育中各个部分的共同作用，包括家庭环境、亲子关系、父母采取的教养方式等，这在很大程度上决定了大学生的性格特质。

家庭环境包括家庭构成和家庭资本。核心结构的家庭，家庭成员之间的关系比较简单，家庭氛围平等融洽，对塑造子女独立性具有促进作用。在这种结构的家庭中，父母和子女的沟通互动较多，子女能够享受到父母更多时间上的陪伴和关爱，父母几乎参与了培养塑造子女成长阶段性格能力的全过程。在核心家庭中成长的子女，他们所接受的性格塑造通常是比较成功的，具体表现在情绪控制、自尊心、求知欲、独立性及创造性上，多数子女会形成阳光开朗、积极向上、有责任感、有安全感、为人真诚、自信自立、独立有主见的性格特征，为他们早期领导力的形成奠定了认知基础。另外，平等民主的家庭氛围有利于子女审视、反省、管理自我。

父母角色缺失的特殊家庭结构，无论是短期的还是长久的，在这种家庭中成长的子女消极悲观、暴躁易怒，缺乏自制力、安全感和同理心，在家庭中找不到归属感，父母的不作为容易滋养出任性放纵的性格。单亲家庭结构，由于父母一方的缺失，加上家长多表现出负面消极的情绪，要么无底线骄纵，要么高压管教，要么忽视冷漠，导致子女的性格发展不平衡，甚至发生扭曲，如神经质、胆小焦虑等。良好的行为习惯、角色范式直接影响大学生的品格作风，而特殊家庭中成长的个体不具备这些大学生领导力的培养基础，即使形成了领导力中的某些品质，也得不到巩固和加强，无法实现优秀品质的持续性。

个体所接受教育的时间和程度很大程度上取决于家庭资本，如果家庭经济水平高，那么学生参与领导力课程和领导力实践的意愿就会比较强烈，会主动培养发展领导力思维。此外，领导力思维能力和模式的学习提升有赖于人际交往的学习、人格品性的塑造，而这些都是建立在家庭社会资本和文化资本基础之上的。家庭阶层不同，家庭所拥有的家庭文化资本也不同，因而家庭成员的发展和成就也不尽相同。如果一个家庭文化资本充盈，那么对子女的文化教育相对也会更加重视，父母会营造良好的家庭氛围来引导孩子接受文化熏陶，并通过以身作则将行为习惯和价值观念传递给子女，提升子女的文化修养和教育水平。综上所述，大学生优良品质和习性的形成与家庭文化资本的多少具有较强的关联。

现代社会所需要的领导力还包括两个重要的方面，那就是创新与合作，它们的形成直接受到家庭教育的影响。创新变革是个体持续努力坚持主张的优秀品格的体现，想要具备这样的品格作风，就需要父母采取相应的教养方式，而权威型教养方式是目前最有潜力、最理想的培养大学生领导力的方式。采取这种方式的家庭大都比较民主，父母的管教比较理性温和，他们给予子女足够的尊重，当子女表达自我、展现自我的时候，父母会主动热情地回应，支持鼓励子女认识自我、探索世界，在这种方式下成长的子女更容易被培养成善于创新变革的领导者，因为这两种培养有很多共性。团队协作能力的培养和家庭结构有很大关系，大学生的家庭结构不同，他们从长期的耳濡目染中学到的处理团队关系的方式方法也不同。如果家庭成员相处融洽，关系亲密，那么当大学生与外界产生矛盾时，他们也能够保持冷静并有效化解。可见，大学生基于家庭文化资本和父母教养方式下为人处世的风格及行为习惯，对其有效发挥领导力起着重要作用。

（四）超越原生家庭的影响

从辩证的角度来看，大学生一面继承了家庭给予的各种资本和在资本基础上形成的品格习性，一面通过自身努力发展家庭，如果大学生想在每个社会发展阶段中都能获得与社会发展相适应的领导力，就要超越原生家庭对自己的影响。比如在面临人生重大决策或者作为领导者制定实施决策时，大学生就要超越家风的影响，摆脱家风的桎梏，这样才能满足时代发展对领导力的需求。但是家风在大学生初期培养发展领导力、制定领导决策时总会发挥积极的促进作用。

大学生在培养发展领导力时，想要超越原生家庭的影响并不容易，如果大学生能够以社会发展水平和时代的要求为依据来评价个人能力，总结自身的发展需求，能够以团队发展目标及组织领导力为依据来评价个人领导力，确立目标和理想，即正确地评判自己，那么他就能够正确地认识自己，认识世界，并不断地调整状态提升自身价值，从而提高超越原生家庭影响的成功率，实现独立和自主。大学生对自己的评判会随着各个阶段所接受的教育，包括家庭、学校和社会教育，不断地调整变化。当大学生工作学习的实践经验积累到一定程度后，他们会进入不断自我否定的阶段，在这个过程中，他们将超越原有认知、实践的水平，从更高的层次树立三观，并在此基础上对自己进行更高水平的评判。

大学生在成长初期对社会的洞察来自客观现实，但随着学校和社会教育的开展，他们的思维和视野会变得更加开阔，这为其今后继承家庭资本时进行创新革新及摆脱原生家庭的束缚创造了有利条件。通过学习和工作，大学生自我认知的能力会不断提升，形成更加独立的品格和优良的作风，对于原生家庭中不健康、不合理的部分，他们会予以批判，这正是当代社会领导者所需要具备的素质和能力。由此看来，大学生超越原生家庭的影响是社会发展的必然结果，是大学生发展实践领导力的内在要求。大学生领导力形成的初期主要会受到家庭环境的影响，当领导力发展强大到一定程度时就会超越原生家庭的影响，而大学生从家庭教育中获得的知识、观念会随着学校和社会教育的介入不断完善优化，三种教育相辅相成，在大学生领导力的发展过程中和谐共存，这意味着大学生从家庭中独立出来，开始融入、服务、影响社会，大学生领导力将在社会中发挥作用并不断提升。

二、注重社会教育健全大学生领导力的认知能力

社会教育推动了大学生领导力的社会化发展，对大学生学习、创新、

就业有着重要的影响，使大学生的认知视域从校园扩展到整个社会，使大学生的认知形式由间接体会向直接感知深入发展，使大学生的认知能力得到社会实践检验，并通过社会实践锻炼实现认知能力的质的提升，在大学生认知的全局性、客观性和科学性方面实现新的突破。

理论学习与实践锻炼相结合是大学生提高认知能力的关键路径。社会教育使大学生感知理论学习的基础性与重要性，通过满足实践需要增加大学生的求知欲和学习兴趣，促进大学生学习态度和学习习惯的良性改变，提升大学生的学习能力，从而提升大学生的认知能力。社会教育是大学生校内教育的重要补充，是提升大学生理论与实践结合能力，从而提高认知能力的有效途径。社会实践活动也间接促进了大学生创新能力与社交能力的提升，对大学生领导力的发展具有不可替代的重要作用。

社会教育促进了大学生从实践维度对学科专业的客观认知。虽然学科专业教育在不断创新中完善，但课本与课堂的传统教育仍然是主要的学习形式，这种间接知识与技能的传授在学习效率与质量上占有重要地位。但关于学科专业的作用和意义教育，课本与课堂显然需要社会教育的互补作用，而且课本与课堂教育本身也包含大量的社会教育因素，以此实现课本与课堂理论教育与实践的结合。由此可见，社会教育能够使大学生对学科专业的作用与意义产生深刻的认知；社会教育能够让大学生深入专业工作，训练应用理论知识解决实际问题的思维和方法，并从中获得灵活应用理论知识分析问题、解决问题的快乐与成就感，从而进一步促进大学生对专业知识和专业技能的理性认知，在实践活动中解决理论知识学习过程中遇到的问题与困惑。

社会教育促进了大学生对理论知识的巩固和技能的深化。社会教育与专业课程相结合是大学生理论与实践相结合的主要路径，能有效深化大学生的专业技能。社会教育一方面加强了大学生与社会主体间的信息交流，为大学生应用理论知识和专业技能提供了大量机会，帮助大学生巩固所学到的理论知识，同时也帮助大学生深化课堂上习得的专业技能。另一方面，社会教育有利于理论知识的生产力转化和专业理论的研究深化。社会教育通过大学生社会实践活动加速和加强了大学生专业知识理论与生产实践活动的结合，从社会需要和社会融合的角度开发新产品、新方法，提高了大学生立足社会现实理论应用和专业创新的能力，从而促进了大学生认知能力的开发。

社会教育促进了大学生认知能力的社会化。脱离社会化的认知能力必将脱离客观理性的轨道，脱离对合作精神和社交能力的认知，大学生在社会实践活动中就会阻碍重重，难以达成目标。所以，对合作、协作、融合的认知，源于大学生的社会教育，不同专业背景的大学生共同完成社会实践任务，促进了大学生认知能力的社会化，促进了大学生社会化分工，为不同特质的大学生未来合作奠定认知基础。基于社会现实的需要和社会实践的亲身体验，大学生对问题发现、问题分析与问题解决的社会化方法和要求的认知深化，使其进一步明确了目标任务与社会化合作的密切关系。

社会教育通过特色实践活动提升大学生的综合能力。大学生理论与实践的结合，最终体现在大学生的综合能力上。社会教育通过特色社会实践活动与大学生课堂教学和科学研究进行教育功能互补，丰富大学生综合知识和视野，使大学生获得综合应用现实问题解决涉及的各类知识理论的平台，从而不断检验和完善大学生的知识结构体系，促进大学生认知能力全面性和科学性的提升，从而实现大学生课堂教学、科学研究和社会实际的有效互动，引导和激发大学生将理论知识应用于实际的热情和兴趣；同样，也能引导和激发大学生树立问题意识，从问题出发寻求相关理论知识的综合应用，从而提高大学生的综合能力。

新时代党和国家对青年的期待也是新时代对大学生领导力提升要求的集中体现。这就要求当代大学生努力将个人的发展预期与社会的期望值有效匹配。新时代大学生领导力发展的预期差异集中体现为个人预期与社会期待的差异，这种差异也就是"小我"预期与"大我"预期的差异。而有效调适个人与社会间的预期差异，最重要的就是要实现个人预期与社会期待的对接。首先，要切实将个人预期融入社会期待中。新时代大学生与时代发展同频共振，应当站在我国社会发展新的历史方位，把个人成长发展的预期自觉提升和融入社会对青年大学生的厚望和期待之中，把"小我"融入"大我"之中，找到既能实现社会价值又能实现自我价值、既能实现"大我"价值又能实现"小我"价值的"共赢"目标，将历史使命、社会责任、家国情怀化为自身的奋斗目标、成长预期和强大动力，肩负历史使命，厚植家国情怀，勇担社会责任，为建设社会主义现代化强国、实现中华民族的伟大复兴做出贡献。其次，要将个人预期与社会预期进行有效对接。个人预期与社会预期本质上是辩证统一的关系，合理调适后可以完成两者的对接。社会预期与个人预期的对接关键是要找到二者之间的结合点，把二者有机结合和高度统一起来。社会预期应该注重社会发展规律与青年成长规律的统一，尊重青年、关心青年、依靠青年，通过成就"小我"来成就"大我"。个人预期应该主动对接社会预期，使个人预期与社会预期一致起来，增强主人翁意识，发挥主观能动性，充分认识到国家、社会和民族不是与"小我"无关的"非我"，而是与"小我"息息相关的"大我"，"大我"涵盖"小我"，"小我"融入"大我"，两者相互依存，相互融合，相互促进，不断实现个人与社会的共同进步。因此，将大学生个人领导力的培养与提升放入个人成长发展的未来预期中，并将个人的"小我"融入社会对青年需求的"大我"中，勇于担当，不懈奋斗，这才是大学生个人领导力有效提升并不断发挥更大价值的有效渠道。

第五章　大学生领导力培养体系的构建

第一节　创新思想政治教育培育体系

基于大学生思想意识在大学生领导力培养中的根本性地位，无论在教育理论还是领导力教育实践中，思想政治教育以其马克思主义本质属性与思想政治领域的科学专业性成为大学生思想意识提升的根本路径，同时思想政治教育对大学生的品格作风、创新能力、社交能力、认知能力具有有效的提升作用。基于思想政治教育探寻大学生领导力的提升路径，揭示了中国特色社会主义大学生领导力的本质特征。

一、丰富思想政治教育方式

依据新时代高校立德树人的人才培养需要和高素质专业化领导人才战略需求，各高校应探索丰富思想政治教育的方式，以达到思政育人实效，助推大学生向未来社会各行业的领导者角色转换过渡。

（一）丰富思想政治教育方式，充分发挥朋辈教育的积极作用

朋辈教育可以加强大学生群体品德教育，促进大学生在道德修养方面的互帮互教，实现大学生自我道德教育与群体内互帮互教的相互强化促进。[1]例如，开展集体讨论、竞赛活动、朋辈之间的密切影响，可以促进大学生自我道德锻炼，提高大学生群众性自我道德教育的广度和深度，提升大学生道德学习和道德锻炼的自觉性，使加强道德修养成为改造大学生主

---

[1]史阳,郑兴旺,仇润琦. 浅谈新形势下的大学生网络朋辈教育[J]. 公关世界，2022（17）：71–72.

观世界的重要途径。同时，朋辈间的相互监督可以加强大学生道德自我省察，提高大学生自我道德认识、剖析、评价和监督能力，使大学生以更高道德目标引领道德修养的提升，提升大学生道德自制和道德自律能力，提高大学生应用道德规范自我调节和自我控制的能力。

（二）丰富思想政治教育方式，探索增加实践类思想政治教育的比例

卫生环境实践活动可以提升大学生生态文明意识，安全防范实践活动可以强化大学生安全意识，关爱他人实践活动可以加强大学生友爱互助意识，管理服务实践活动可以培养大学生纪律意识，红色文化教育实践可以培育大学生艰苦奋斗的精神，等等。如各高校开展大学生法治教育，可以采用模拟法庭、庭审旁听、法律咨询、参观教学等方式，在直观的实践教学活动中促进大学生法治信仰的养成，在实践中提高大学生的法治意识和法律技能。

（三）丰富思想政治教育方式，统筹协调网络技术应用和网络平台建设

青年大学生是互联网原住民，习惯于碎片化阅读和思考，思想政治教育可积极利用网络技术推动授课方式革新，增强思政课的吸引力、说服力。例如，短视频的呈现便于学习者利用碎片时间反复观看，进行学习。若各高校将专题讲座、参观学习、小组讨论等线下学习与线上学习充分结合，可以进一步丰富理论学习形式、巩固学习效果。

二、创新思想政治教育载体

（一）注重理想信念教育与大学生领导力教育的融合

加强思想政治教育中的理想信念教育，可以帮助大学生树立正确的世界观、人生观、政治观、价值观。通过加强世界观教育、人生观教育、政治观教育、价值观教育，大学生会自觉认同中国特色社会主义，自觉守护共产主义信念，自觉遵循以人民为中心的发展思想。在理想信念教育的价值导向指引下，思想政治教育为大学生开启了通往真、善、美的大门，可以提高大学生辨别是非的能力，赋予大学生在通往正义的道路上坚持初心的勇气，使大学生正确判断主次矛盾，在学术道路、领导道路、人生道路上做出正确选择。理想信念教育可以使大学生按照社会规范自觉校正学习和工作中的思想和行为，以高尚的品德作为行为准则，以积极向上的心态作为学习和工作的态度。

提高理想信念教育与大学生思想特点、学习与生活环境之间的结合度，可以使理想信念教育既有"形而上"的思想价值导向，又有能够扎根于大学生学习和工作实际的抓手，促进大学生价值判断能力的提升，使大学生具备辨别是非的思想武器，在社会多元思想影响下仍然能够坚守正确的思想导向，明辨不良思想的虚假外衣，提高大学生同不良思想做斗争的觉悟和能力。各高校要加强世界观教育、人生观教育、政治观教育、价值观教育，使大学生在面对各类社会思潮时正确认识、坚定信念，以提高大学生思想认识的深度。

加强理想信念教育，可以使大学生坚定中国特色社会主义共同理想。理想信念教育从理论与实践结合的角度，使大学生自觉坚定共同理想，自觉在共同理想中寻求个人理想的确立与实现，引导大学生结合国家、社会、组织的要求确立个人理想，使大学生的个人理想与共同理想的方向保持一致。只有加强建立在现实基础之上的理想信念教育，才能使大学生在复杂矛盾的现实基础上认识到理想信念的重要性，做到既不盲目乐观，也不消极悲观，注重提高基于现实条件的合理的理想追求的思想觉悟。

加强理想信念教育内容中的马克思主义理论教育，可以筑牢大学生为民族复兴而奋斗的思想根基。各高校要以马克思主义理论的科学性和真理性凝聚大学生的思想意识，使大学生自觉把马克思主义理论作为认识、分析和解决问题的理论基础，提升大学生的马克思主义理论水平，使共同的社会主义理想信念成为大学生团结一致的思想基础，感召大学生战胜学习和工作中的困难，脚踏实地地为共产主义努力奋斗，以理想信念教育不断提升大学生的精神境界，促进大学生的全面发展。

（二）注重意识形态教育与大学生领导力教育的融合

各高校要坚持党的领导，加强意识形态教育，满足社会发展的人才要求，提高大学生用马克思主义的观点和方法进行学习、工作、社会活动的能力，引导大学生维护党和国家的利益，在学习和工作上以服务社会、满足人民群众美好生活需求为目标，加深大学生对党的治国理政思想、方略、政策的认识和理解，引导大学生把促进新时代中国特色社会主义建设作为奋斗的目标。各高校要加强意识形态教育，引导大学生对党忠诚的政治态度，使大学生自觉提高解决思想认识问题的意识和能力。加强意识形态教育与大学生学习、工作实际问题解决的相互结合，有利于提升大学生的政治品质，完善大学生的人格，改造大学生的主观世界，调动大学生为社会主义建设做贡献的积极性。

加强意识形态教育内容中的形势与政策教育，可以帮助大学生树立正确的形势政策观，提升大学生的政治参与能力。形势与政策教育的意识形态教育功能显著，加强形势与政策教育中国内外形势的科学分析和国家政策的解读，可以提高大学生应用马克思主义观点和方法分析形势、理解政策的能力。各高校加强党的路线和方针教育，增强大学生的社会主义道路自信和社会责任感，提高大学生辨别意识形态信息的意识和能力。例如在大量的形势与政策网络信息覆盖下，提升大学生对社会形势与政策认识的成熟度，提高大学生全面把握国内外政治事件的能力，提高大学生应用马克思主义观点和方法认识形势、观察形势、把握大局的能力和素质。各高校要加强形势与政策教学资料建设，不断丰富形式与政策教育内容，提高形势与政策教育的时效性和针对性，丰富形势与政策教育的形式。

加强意识形态教育内容中的哲学社会科学教育，可以提高大学生的政治觉悟，提升大学生认识社会问题的准确性，提高大学生坚持正确政治方向的定力。各高校要加强共产党执政规律、社会发展规律教育，提高大学生应用规律认识和分析政治问题的能力。各高校要加强社会科学实证知识教育和社会分析科学方法教育，提高大学生对科学社会主义的认识水平及哲学社会科学素养，从而发挥哲学社会科学教育对大学生价值规范的作用。加快中国特色社会主义哲学社会科学教育体系建设，可以充分发挥哲学社会科学教育的意识形态教育作用。各高校要结合学科建设，以马克思主义为指导，以中华优秀传统文化为文化基础，以中国特色社会主义理论为核心，努力形成中国特色社会主义哲学社会科学教育体系。

加强意识形态教育，可以创新大学生意识形态教育的社会实践活动路径。各高校要建立大学生意识形态社会实践教育的长效机制，提高大学生的实践意识和实践能力，引导大学生深入社区、乡村锤炼自身的政治品质，促进大学生理论与实践的全面发展，在社会实践活动中引导大学生在未来的学习和工作中做出正确的判断和选择。各高校要完善意识形态社会实践教育的保障体系，加大意识形态社会实践教育的资金、人才和物质投入。在体制机制上，各高校要建立意识形态社会实践教育的标准和评估机制，把意识形态社会实践教育纳入高校工作考评体系，并把意识形态社会实践纳入大学生素质考评体系。各高校还要密切结合社会实践与学科专业教育，加强大学生社会实践基地建设，充分发挥社会实践基地的意识形态教育作用，不断提升大学生社会实践的实效性。

（三）注重法治教育与大学生领导力教育的融合

各高校要加强法治教育，提升法治教育的学科地位。赋予法治教育独立的学科地位，可以系统全面地培育大学生的法治素养。各高校应用法治教育的规律进行法治教育课程教学，丰富法治教育课程内容，创新法治教育课程形式，探索普法教育与部门法重点教育相结合的教育路径，提高法治教育基于大学生学科专业的针对性，切实提高大学生学法用法的能力和素质。高校教师要结合课堂教学和实践教学，充分发挥启发式教学、庭审旁听教学形式的积极作用。相关部门要提高法治教育教材的适应性和针对性，完善法治教育教材类型，为不同高校、不同专业的大学生提供合适的法治教材。

各高校要增加实践类法治教育的比例，从灌输式法治教育向启发式法治教育转型。如积极开展模拟法庭、庭审旁听、法律咨询、参观教学，真实反映法治意识、法治思维、法治方式与大学生现实生活的密切联系，使大学生切身体会法治的作用，激发大学生对法治教育的求知欲望，提高大学生法治意识，培育大学生法治素养。各高校要加强法治教育师资建设，提升高校法治教育专业化水平。如按照专业类型配置不同研究方向的法治教育师资，提高法治教育师资建设的专业性。法治教育工作者要遵循大学生的法治认知规律，注重提升自身法治素养，积极探索法治教育新方法，不断充实法治教育内容。高校要多渠道、多形式为法治教育师资专业化提升创造良好的条件。

强化大学生的主体地位，可以充分发挥大学生在法治教育中的主观能动性。在法治教育过程中尊重大学生的主体地位，就是遵守法治教育规律，是高校法治教育科学性的体现。法治教育工作者要确立大学生的主体地位，注重发挥大学生在法治教育中的自我意识和创造性，在教育过程中尊重大学生的人格与情感，真正落实大学生的主体地位，发挥大学生独立自主意识在法治教育中的积极作用，引导大学生独立思考、主动积极参与法治教育，提高大学生应用法治理念和法治方法解决实际问题的自觉能动性，发挥主体性法治教育的积极作用。

各高校要整合高校法治教育、社会法治教育、家庭法治教育资源，借助国家和社会法治环境改善大学生法治教育环境。构建以高校法治教育为主、社会和家庭法治教育为辅的大学生法治教育体系，密切高校、社会、家庭之间的联系，增强三者在法治教育方面的和谐互动，有利于营造良好的大学生法治教育环境。各高校要加强大学生网络法治教育，帮助大学生树立法治观念，借助网络法治教育平台和移动终端软件占据网络法治教育主阵地，使法治观念和法治意识植根于大学生的网络生活，使大学生坚定法治信仰，自觉提升法治意识。

（四）注重思想品德教育与大学生领导力教育的融合

各高校加强大学生道德示范教育，树立典型人物道德威信。加强道德典型人物和典型事件示范，可以引导大学生的道德认知，规范大学生的道德行为，激发道德情感和道德认识共鸣，促进大学生对道德榜样的学习和效仿，确立大学生的道德价值取向和道德行为准则。各高校要加强师德建设，树立高校教师正面道德典型，充分发挥高校教师在大学生道德教育中的言传身教作用，注重高校教师人格对大学生的道德影响，加强高校教师的律己和道德垂范，以高校教师高尚的道德魅力感召大学生自觉提升道德修养。

各高校要加强大学生道德实践教育，在实践中强化大学生的道德修为。加强大学生道德行为训练，形成大学生道德行为惯性，可以促进大学生应变性道德行为向自觉性道德行为转化。各高校要加强公益活动中的大学生道德行为锻炼，培育大学生的奉献精神，如通过卫生环境公益活动提升大学生生态道德修养，通过安全防范公益活动提升大学生安全意识，通过关爱他人公益活动提升大学生友爱互助意识，通过管理服务公益活动提升大学生纪律意识。同时，各高校要加强校园维护活动中的大学生道德行为锻炼，营造高尚的校园道德思想环境和崇高的道德精神氛围，深化大学生对道德规范的理解和认识，引导大学生以高尚的道德情操、良好的道德行为、正确的审美观念提升精神境界。各高校要加强社会实践中的大学生道德行为锻炼，巩固和提高大学生良好的道德品质，如在调研式社会实践中加强道德教育理论与实践的结合，在助学式社会实践中培育大学生艰苦奋斗的精神，在适应式社会实践中确立大学生的价值标准，在服务式社会实践中提供大学生的道德意识。

第二节 构建学科专业教育创新体系

基于大学生领导力创新能力的内在需求，我国开始着力构建以学科专业教育为基础，涵盖了双创理念、师资、制度、课程以及学科专业实践教育平台的创新体系，学科专业教育通过与企业、科研机构的合作，将各种创新资源，如企业实践、国内国际专业竞赛、双创活动等进行整合并引入校园，以创新学科专业教育的路径，提升大学生领导力目标，使其更加符合当代社会的发展要求。

一、推动学科专业教育与创新创业教育共同发展体系构建

为了推进学科专业教育和创新创业教育的共同发展，构建融合两者的发展体系，完善课程体系是目前亟待解决的问题。完善课程体系首先需要创新学科内容，加快课程体系改革，提升学科专业教育和双创教育的关联程度，创造构建二者融合的利益空间，激发两种教育主体，即高校、企业、科研机构融合的积极性，加强两种教育融合体系的师资、制度、师生交流平台的建设，将两种教育融合的指标融入学科专业教育考核体系，推进其完善创新。

（一）加快学科专业教育课程体系改革，探索创新创业课程试点教学

各高校要科学设计双创的基础课程和实践课程，在兼顾不同学科专业特色的基础上，侧重培养大学生的创新意识。其中，可以适当提高实践课程的比重，根据实践需求拓展课程内容，如企业运营、企业管理、创业计划等都可引入课程。教师可以从师生交流平台中收集学生反馈，创新教学方式方法，采用多种教育模式相结合的方法，最大限度地激发学生参与教学的积极性。各高校要完善硬件设施的建设，如建立校内实验室、成立实训基地等，为双创学生提供实践机会，全力支持并打造能够代表学校创新水平的双创队伍，与高校建立合作关系的企业可以邀请双创学生了解学习企业文化，向其传递企业精神、服务精神及创新精神，为高校培养高质量的双创人才和双创队伍助力。在课程考核方面，高校可以举办各种创新创业计划竞赛，邀请创业导师、优秀企业家、创业培训师等业内人士担任评委，学生提交创新创业计划书，由他们来提问，根据学生回答进行评价和指导，对考核成绩优异的双创个人和团队给予进一步支持，包括场地、资金等硬件和技术、指导等软件，助力他们创业创新梦想，实现创业项目的成功孵化。

（二）探索大学生创业园等学科专业教育与创新创业教育融合载体创立

创新创业的基础课程包括双创理论知识的学习、创新思维的培养及应用，实践课程包括双创企划、团队建设以及项目建设，而创立大学生创业园、大学生创新基地等有助于这些课程的有效落实，从软件和硬件方面为构建学科专业教育和创新创业教育融合体系创造了平台，实现了资源整合，促进了产学研生态链的创新，从而为大学生基于专业角度进行创新创业提供一站式的教育服务。为了吸引更多优秀的创新创业团队进驻大学生创业园、大学生创新基地，并为其提供更完善的服务，要加强双创要素之间的互动，使场地、技术、人才发挥最大效能。同时，为了提升大学生双创项目的科学性和专业性，教师还要及时给予指导，通过市场机制的引入，促进双创团队向外挖掘资源要素，并进行有机融合，以提高项目在市场中的存活率。教师可以利用大学生创业园、大学生创新基地等平台，将基础课程、企业内部培训和专家讲座融合起来，为双创项目的日常运营提供更细化的指导。各高校应从各个方面挖掘大学生创业园、大学生创新基地的优势，通过理论和数据进行判断，结合专家指导，保障项目的运营，充分利用社会力量以实现大学生创业园、大学生创新基地智力优势的社会转化。各高校还应模拟市场运行机制，学习应用各种机制，包括技术入股、风险共担等，将校外创新创业资源有效整合，为大学生孵化双创项目提供支持和动力。

大学生创业园、大学生创新基地等载体对培养高校双创人才和大学生领导力具有积极的不可替代的促进作用。大学生在这些双创教育与学科专业教育融合的载体中孵化的双创项目，为其参与企业实践、双创竞赛、学术交流等积攒了优势。同时，由于高校与企业的市场竞争力不断提升，双方会进行更加密切的交流与合作，积极助力大学生创新创业。

二、推进学科专业教育与专业竞赛培训相互促进体系构建

作为我国高校创新教育体系的重要构成部分，大学生专业竞赛可以激发大学生学习专业知识的积极性，有助于使其建立学科自信心，提升专业水平，发展创新思维。大学生专业竞赛一直是高校师生关注的热点。竞赛的内容与时俱进，形式新颖，评判标准科学专业，符合培养大学生创新思维及综合素质的需求，因而得到了师生们的喜爱。在竞赛中获奖的大学生都是学科专业中的佼佼者，他们不仅拥有丰富的专业知识、完善的知识结构体系和大量实践经验，还具有敏锐的眼光、丰富的想象和过硬的心理素质。基于学科专业教育的大学生专业竞赛，可以有效培养大学生的创新思维和创新精神，提高大学生对自身专业学习和发展的认知，从而使其确立目标，树立远大理想。

（一）以现代教育理念为引领

现代教育理念的核心是实践性、互动性和发展性，而建立在学科教育基础之上的大学生专业竞赛培训的教育理念就将这三种核心要素有机地融合起来，这种理念要求教育者根据竞赛要求和学科发展的最新趋势不断重塑优化教育理念。学科专业教育与大学生专业竞赛培训融合需要什么样

的角色定位，教师就要快速切入相应的角色，对大学生学科专业的学习发展，以及参加专业竞赛的正确理念和创新思维进行科学有效的引导。为了保持教育理念的发展性、实践性和互动性，各高校要加强师资建设，针对教育政策法规、专业发展趋势等内容加大师资培训力度，构建专业、地域及行业内的交流平台，便于教师及时了解教育政策和相关文件，准确把握专业发展方向和社会发展的要求，促进大学生专业竞赛培训更好地融入并服务学科专业教育。此外，不同领域基于学科专业教育与大学生专业竞赛培训融合体系的交流合作，有助于吸纳各个年龄层的教师，细分专业，优化专业结构，提升老带新效果，吸收其他竞赛、教育和专业理念的精华，不断更新自身理念。各高校要加快教师和院系考核体系的创新，将教育理念是否与时俱进作为评级指标，促使教师根据学生发展及社会发展的需求开展学科专业教育和大学生专业竞赛培训。

（二）坚持学科专业竞赛与学科专业教育目标计划相统一的原则

高校在开展专业竞赛时，要保持竞赛目标和专业教育目标一致，同时要综合考虑社会因素，选择那些影响范围广、被大众普遍认可、专业程度高的竞赛，从而有效提升大学生的综合素质。同时，各高校可以邀请优秀企业家、企业培训师、高管和创新团队加入专业竞赛培训的师资队伍，集合校内外教育资源的优势。大学生专业竞赛培训以日常基础培训为主，以赛前集中培训为辅，贯穿科学专业教育的整个过程。通过参加专业竞赛，大学生可以巩固和强化学科专业知识和技能，提高学科专业教育与大学生专业竞赛培训的融合程度，以实现共同发展。

（三）构建符合学科专业竞赛要求的学科专业课程体系

创新学科专业课程和课程体系，既要保障专业基础课程，不断优化学科体系，还要根据专业竞赛的要求设计开发新课程，构建新体系。高校在建设学科专业课程时，可以将学科专业竞赛体系作为参考，确立相应的课程目标，通过试点和筹划，探寻基于学科专业竞赛的学科专业教育发展路线，随着专业竞赛目标、任务的变化来优化创新专业课程体系，同时不断完善、构建学科专业竞赛体系，统一学科专业教育、大学生个人发展及专业竞赛三者的目标，满足大学生专业发展、工作就业及参与专业竞赛的需求，实现融合大学生专业知识技能及创新能力的教育体系的构建。

（四）完善大学生专业素质能力全面发展的选拔机制

大学生能否参与学科专业竞赛、能否在竞赛中取得成就，主要依靠的是竞争性选拔机制。高校对竞赛选拔进行管理要以促进大学生的全面发展为前提，根据大学生实际的专业素质能力制定选拔标准，通过学习和竞争氛围的营造引导鼓励大学生参与专业竞赛，以达到理想的选拔管理效果。为了保证竞赛的有序开展，学校要为其创造公开、公平、公正的竞争环境，并进行科学合理的选拔管理，激发大学生参与竞赛的热情，丰富选拔渠道，为选拔出各个领域的创新人才提供保障，充分发挥出竞赛对大学生深挖专业的激励、引导作用。同时，校内校外的教育主体可以加大对专业竞赛的投入力度，强化崇尚专业和创新的价值导向。

第三节　丰富学生领导力实践锻炼体系

一、拓展以服务为宗旨的社会服务工作

（一）拓展社会服务工作范围

社会服务可以培养大学生对群众需求的敏感性，提高其发现问题的能力，把握复杂的难题，使大学生产生公民精神，并不断探究提升社会服务活动质量的新路径。同时，新事物的不断探索，既满足了大学生的好奇心，也促进了大学生问题意识的形成；在社会服务拓展过程中确定关键问题的需要，促进大学生应用创新思维发现问题，并以此为动力提升大学生在专业知识学习、创新思维养成、创新技能学习的主动性，从而奠定大学生创新变革能力提升的基础；在社会服务拓展过程中培育大学生的批判意识、养成大学生批判思维。合理保护大学生的批判意识发展需要是创新变革人才培养的现实要求，所以，要在科学创新变革领域提高对大学生批判意识和批判行为的宽容度，促进大学生新思想、新见解的提出，从而提高大学生解决社会服务实际问题的能力。

（二）激发社会服务动机

适应社会需求是大学生创新变革的出发点，也是大学生创新变革行为的目标。大学生要加强对社会需要的了解，在创新变革中做出正确的判断，根据现实情况改进服务方式，提高社会服务质量。大学生只有对社会需求进行深入的了解，才能扩大创新变革的发展空间，才能使创新变革意识建立在客观事实的基础之上，从而获得知识和科技创新优势，提升创新竞争力。另外，加强社会服务拓展，可以激发大学生对新事物的好奇心、求知欲。

在社会服务拓展过程中不可避免的冲突与环境掌控会激发大学生的进取心，在逐个矛盾困难克服的过程中可以促进大学生不断进取，培育大学生追求卓越的成就动机。充分的社会需求调查研究可以提高大学生创新认识的准确性和科学性，从而促进大学生创新变革行为的自觉性和主动性，使大学生克服在满足社会需求过程中的困难，锤炼大学生的创新意志。

（三）培育创新社会服务兴趣

兴趣与责任心同样重要，各高校应在社会服务拓展过程中培养大学生创新变革的兴趣。创新变革兴趣的基础是大学生认识和探索社会需要，创新变革兴趣可以促进大学生认识社会和探索社会活动的规律，发掘社会服务细节中蕴藏的人性光辉和真理的力量，发掘并欣赏社会服务创新变革活动内在的科学美，形成大学生培育兴趣的主观意识。在社会服务拓展过程中，各高校要注重借鉴和应用前人智慧，培育大学生社会服务创新变革的兴趣，通过体会人民群众的智慧使大学生获得创新变革的乐趣，通过每一次小的突破使大学生获得变革的快乐，通过争取更多人参与创新变革，从而形成大学生社会服务创新变革兴趣的集合效应。

大学生对其赖以生存的环境负有责任，无论是否被感知和是否被承认，大学生参与多种环境的互动一直以不同程度、不同形式存在。家庭和社会教育应该赋予大学生公民参与的责任感和使命感，帮助大学生以此应对全球性的不确定和快速变化，使大学生做好创新变革意识准备，承担起在社会变化中学习、生活、工作的责任，通过公民参与活动培养大学生的创新精神，奠定大学生创新变革行为的精神动力和先决条件，培育大学生的创新变革意识，从而产生创新变革的动机和内在需求，使大学生的创新变革能力通过参与创新活动产生真正的效应。

二、创新以发展为需求的学生工作实践

高校办学，特别是地方高校办学要对接区域经济社会发展要求，开拓学生实践思路，积极与政府、企业和民间组织合作，形成大学生培养共同体，为区域经济社会发展提供人才。各高校要探索与地方政府联合人才培养方案，为大学生提供参与地方政府调研工作、文案工作、群众工作和宣传工作的机会，特别是地方经济、社会情况普查、产业发展相关统计、民生建设实地调研、公民素质提高和社区建设等工作。如果高校与地方政府建立畅通的人才交流通道，既能够为大学生实践提供更广阔的平台，使学生的综合能力得以锻炼和提升，又能够为地方政府工作注入新力量，解决基层政府工作人力资源不足的问题。

（一）共建学生实践基地，拓展学生实践空间

各高校可组织大学生学科专业骨干向对口企事业单位提供培训服务，服务内容包括行业专业技术、企业管理、文化建设和品牌服务等，促进高校理论和技术创新及时转化，助推高校知识溢出和智力支持。在培训服务的过程中，大学生作为培训项目的策划者、管理者，对培训的目标、质量和效果负责，由大学生通过实地调查研究明确企事业单位的需求，确定培训目标，在校内外选拔相关培训师资人员，为企事业单位制定参加培训学习人员选拔标准。培训工作秩序、培训考核和培训质量监督均由大学生主导，高校和企事业单位则负责相关的法律、制度保障，如企事业单位可以利用业余时间组织员工参与培训学习，高校方面可将培训工程相关大学生实践工作、相关教师和优秀学生培训人员的工作纳入考核评价体系，以此激励大学生实践不断拓展，保障相关知识溢出和技术支持。通过类似的企事业单位人才培训工作，可以促进大学生与企事业单位之间的互相了解，为企事业单位培训管理人员和技术人员，同时通过联合人才培养，也为企事业单位输送优秀学生领导人才和技术人才创造条件，保障大学生实践工

作和企事业单位人力资源工作的可持续发展。

另外，高校可以加强与社会科技文化组织的合作，为大学生实践搭建更为广阔的平台。广阔的合作平台对学生实践的视野、目标和方法都会产生积极的影响。虽然高校的科技文化活动丰富，但对于科技文化活动内容和范围来讲仍有较大的拓展空间。各高校要鼓励大学生积极参与来自社会组织的各类科技文化课题项目，增加实践锻炼的机会。大学生要主动热心参与社会各类科技文化活动，从各自学科专业发展和领导力发展视野出发，透过现象看本质，通过社会科学文化活动的参与和实践，提高专业素质，培育人文精神。

（二）充分利用区域经济社会网络，聚集群众创新力量

关注生产技术变革所带来的社会变化，是大学生寻求创新变革可能性的重要路径。生产技术变革的根本性决定了学生社会视野的拓展方向，借助信息技术变革打开大学生实践新局面，是大学生基于知识与科技优势率先洞悉变革的可靠路径。从可持续发展的全球视野中提升大学生洞悉变革的能力，国际社会对联合国可持续发展指标的实现过程为大学生带来认知的变化，引导新时代大学生实践投入精力和智力钻研各领域的可持续发展，其由认知变化到观念转变乃至思维改变的过程，为大学生实践创新变革的可能提供了广阔的发展空间。

（1）在区域群众外包生产变革的过程中洞悉创新变革的可能性。在区域经济社会大数据背景下开源代码的创新驱动路径，引领大学生从专业领域入手引入群众外包创新理念和创新方式，赋予大学生在新的信息变革中洞悉社会创新变革的能力，使大学生成为社会治理创新和新技术变革的生力军。

家庭和社会要引导大学生借助互联网放大自身创新意识和创新能力的作用，以价值实现的方式激发大学生实践创新的热情，赋予大学生创新变革的洞悉才能和发展机遇获取的才能。区域信息变革发展由单向创新供给转变为用户交互作用，大学生可以从其发展过程中寻求创新变革的潜在动能，在创新民主化进程中加强与社会创新的互动。

（2）在区域共享生产和生活方式转型视野中提升大学生洞悉变革的能力。区域生产资源共享与共享经济的发展，更新了大学生的社会洞察视野。商业运营新模式的成功增强了大学生基于共享分享发展观念和思维的适应性，新的共享思维模式在创新文化传播和变革意识自我表达方面赋予大学生更多的自信，促进大学生全面把握社会共享观念带来的社会关系变革，并从中开发和拓展创新变革的原初心理空间；共享生产和生活方式主导的组织环境，帮助大学生重新定位个人价值，逐步形成创新变革共用的生产生活新生态，大学生可以通过加强创新变革精神实践的尝试，将分享与共享的新社会心理态度转化为洞悉变革的素质和能力；增加大学生信息搜索的速度和广度，使创新变革分享更加便捷，加强大学生通过创新变革分享和传播扩大自身影响力的能力，打造基于创新变革目标导向的学生社交网络，拓展大学生的思想和观念交流圈，赋予其多类型创新变革思想激发与相互碰撞的变革能量。

第四节　完善社会家庭环境支撑体系

对于大学生领导力教育来说，家庭资本固然重要，但是如果家庭教育的领导力不足，家庭资本对大学生领导力的提升作用就很难发挥出来。如果家庭成员积极向上、严于律己、心系国家、爱护小家，对家庭教育方式不断地改进优化，以开放、共融的姿态为人处世，就能为大学生提供领导力情境，促进大学生领导力的培养和发展。综上，具有良好领导力的家庭教育，不仅需要家庭成员不断提高领导力及领导力培养意识，还需要学校、企业等其他社会主体的共同努力，搭建起有利于提升家庭教育领导力的网络结构。

一、创设领导力支持型家庭教育服务环境

（一）组建领导力支持型家庭教育服务组织

各级地方政府通过长期实践和筹划建立起以家庭教育示范学校、家庭教育服务站为代表的家庭教育服务体系，邀请家庭教育的相关专家为家长

和服务组织开展知识讲座。教育行政部门牵头推进家庭教育资源整合，提升家庭教育服务体系的专业化程度，通过确立创新目标，有效提升家庭教育领导力，促进学校、幼儿园更新教育观念，创新教育方法，优化家庭教育服务，以支持性家庭教育为中心，在此基础上创设并不断完善新的工作机制，同时配合各种辅助平台，提升家庭教育领导力。比如，家庭和学校可以通过网络平台、手机软件在教育局建立的微信平台上进行交流，利用网络平台开展家庭教育领导力提升的讲座和经验分享会，激发大学生家庭提升家庭教育领导力的意识，为学校和家庭开展更加丰富、新颖、更具领导力的家庭教育提供思路和素材。

（二）开展家庭教育领导力项目试点

围绕家庭教育领导力提升，地方教育行政部门可以建立试点项目，通过不断地探索，建立起与试点项目相匹配的工作机制和工作规范。积极宣传推广家庭教育领导力的优秀案例和经验，切实开展家庭教育领导力的相关工作。作为学校和家庭的连接平台，家委会、家长学院要充分发挥模范带头作用，引导家长树立现代教育理念，应用科学教育方式，不断提升自身领导力，为培养发展子女领导力创造环境。相关单位要合理规划家庭教育领导力提升工作，确立每个工作阶段的目标和任务，基于家庭领导力和子女综合素质制定服务方案，部署讲师团工作计划，以社区为单位，整合社会各方资源，建立由家庭教育专家负责讲演的家庭教育领导力服务站，吸纳具有良好领导力的家长，扩大讲师队伍，提高讲师专业水平，确保讲师团能够为家庭教育领导力提升提供持续的、科学有效的服务和指导。促进优秀家长和专业讲师团共同发力，建立起更多的家庭教育领导力服务组织，不断加强自身建设，提升服务水平。

（三）构建家庭教育领导力提升工作新机制

为了有效提高家庭教育领导力相关工作的质量和效率，各地要建立新的工作机制，从长远发展和全局发展的层面明确家庭教育领导力中各主体的职责和任务，围绕领导力的提升加强家委会的建设，建立健全培育机制以促进家长与学校的沟通配合，制定并落实家庭教育领导力提升措施，形成以学校为主导的家庭教育领导力培训体系，为家长开展领导力家庭教育提供指导，激励家长不断提升自身领导力水平，学会借助社区等社会力量，共同推进家庭教育领导力提升。

二、创设领导力支持型家庭教育环境

（一）完善优化家风家训教育

大学生的品格作风是通过行为习惯反映出来的，要规范其行为习惯就需要家庭成员重视家风家训教育，并根据大学生发展需求不断优化完善。科学合理的家风教训教育，有助于社会情境在家庭品德中的客观呈现，即正确看待各种权益格局及意愿交互，提升大学生的认知水平和判断能力，从而使大学生更好地理解和掌握领导情境互动的规则，学会在不同情境中控制情绪，调整情绪，不断提升自身修养。基于大学生理解领导情境和参与互动的内在需求，家庭成员必须不断优化家风家训教育，以促进大学生适应、包容各种领导情境，提升其品格作风的境界。

（二）筑牢家庭人文道德基础

良好的家庭环境能够为大学生的成长提供营养，其中家庭道德对大学生创新能力的发展尤为重要。家庭要加强大学生创新思维的培养，激发其创新变革的积极性，通过家庭日常教育将创新变革的种子深植于大学生的心中。家庭成员要加强自身的创新观念，营造快乐融洽的家庭氛围，创造利于大学生创新变革的环境，引导大学生从自身发展的角度挖掘创新变革的需求，确立创新目标，积极探寻创新立足点，不断突破自我，增强自信心，提升幸福感。另外，家庭还要给予大学生足够的自主权和选择权，鼓励其发挥想象大胆尝试；给予大学生足够的关爱和关注，多表达自己的情感，积极回应大学生的表现，为其提供足够的精神力量。家庭成员要不断提升文化涵养和品位，提高大学生的人文认知能力和修养，避免低级趣味分散注意力，从而保证家庭环境对大学生创新变革产生积极正面的作用。

第六章　当代大学生领导力培养实践探究

第一节　当代大学生认知领导力培养

一、认知领导力的构成要素

领导力是一个复合的概念，在构成领导力的各个要素中，认知领导力是前提，信任领导力是基础，创新领导力是核心，激发领导力是关键，执行领导力是载体，坚毅领导力是保障。

（一）判断力

我们对生活中的事物所做的判断直接影响行动的结果，成败就在人的一念之间，这"一念"就是判断力。判断力是指一个人基于自己已有的先验知识和所获得的信息，对某种事物是否存在、某种事物是否具有某属性、某种事物可能产生何种结果、某种事物可能的发展趋势等做出判断的一种能力。因此，以下两个方面的内容直接影响判断力：一是先验知识。一个人通过自己的经历积累起来的经验和知识，以及通过学习得来的知识都是判断力的来源，这些知识构成了一个人对某种事物的直接认知或间接认知，是决定一个人判断力高低的基础。二是信息。一个人掌握信息的多少和快慢会影响判断的准确性。尽管一个人的先验知识再丰富，判断力再强，如果遇到信息不充分的情况，那么产生误判的概率仍然很高。

如果说认知力是领导力作用的前提，那么判断力就是领导力作用的起点。领导者面对组织成员、组织情境和外部环境的时候，最先开始的一项工作就是判断，而且是运用自身已经具备的先验知识对组织现状进行预判。在信息不充分的情况下的预判，虽然可能存在主观判断的风险，但它首先是一种潜意识的活动。这种预判会让人产生一些疑问、一些假设、一些猜想，这些疑问、假设和猜想可以帮助领导者提高判断效率，因为在接下来的时间里可以通过信息的不断补充对预判进行证实或者证伪。这种预判还可以帮助领导者避免一些杂乱信息的干扰，快速抓住关键。在进入信息甄别阶段时，领导者面对各种复杂的信息，首先要做的就是对各种信息的真伪进行辨别，对信息的价值进行判断，搞清楚到底发生了什么，带来了哪些影响，问题的根源在哪里，可能的解决方案有哪些等，这些判断的结果将直接影响领导者如何进行选择。

判断是在一个多次重复或者适时互动的过程中完成的，判断力的提升意味着在不断重复中验证信息真伪，提高辨别能力，提高判断准确性，因此判断的准确性依赖于自身的学习、参与、沟通、验证和不断重复。提高判断力有助于领导者在进行工作规划时提高工作效率和准确度，有助于领导者把握全局，深入且系统地分析问题和解决问题。多听、多想、多观察有助于领导者在判断的过程中增加准确度，降低误判的概率。

（二）洞察力

洞察力是人们对个人认知、情感、行为的动机及其相互关系的透彻分析，是察觉事物内在本质的能力。洞察力是领导者认知能力的关键组成部分。相较而言，观察看到的是表面，是直接行为；而洞察是了解事情深层及背后的原因。第一，领导者要认知群体成员，从行为中洞悉心理，从做事中看出德行，从细节中看到品格。缺乏洞察力，就无法洞悉人心。第二，领导者要认知组织情境，察觉出组织中人与人之间的关系，特别是组织中那些非正式的、不太容易在短期内感知到的群体行为。很多行为背后有某种特定的文化，领导者只有细心体察才能深入理解组织心理、群体人性。第三，领导者要善于察觉外部环境的变化。外部环境的变化总是难以察觉，就像黄昏的光线一样，不知不觉中由明到暗，分不清变化的进度，看不见光线的数量。组织的变化、组织环境的变化多数情况下是渐变的，而不是突变的。领导者需要从外部纷繁复杂的变化中洞察事物发展背后的规律，只有充分发挥领导者的洞察力，才能快速有效地从根本上解决组织遇到的问题。

所谓"见微知著""一叶知秋"，就是洞察力的一种表现。当一个人具备某种能力，或者具有某领域的专门知识，对事物背后的运行规律了然于胸时，必定能够从一些看似无关的细微变化中找出背后的规律，发现这些变化的共性，而不会仅仅局限在某些个体表现出的个性上。善于从个性中看到更为普遍的共性，能够把事物运行的规律找出来，这代表一个人拥有较强的洞察力。

（三）远见力

远见力就是立足当下、预见未来的能力。如果说判断力代表的是看问题看得准不准，洞察力代表的是看问题看得深不深，那么远见力代表的则是看问题看得远不远，是否长久。未来会是什么样子？未来会发生什么？未来的我们要面对什么？未来有极大的不确定性，正是这种神秘让我们对未来充满好奇、充满期待，也让未来充满挑战。对宇宙规律的探索，对社会发展规律的研究，可以帮助我们就未来可能发生的变化获得更加确定的信息，进而更好地预见未来。影响领导者远见力的因素主要是对规律的掌握和对信息的理解。水有源，树有根，任何事都有因有果，有起源有走向，其内部客观存在很强的逻辑关系。未来是可预见的，只不过很多人忽略了一些要素，没看到或没看懂事情的起源，对过程又缺乏认识，就认为未来是不可预知的。远见并不像有些人认为的那样，是一种凭空产生的毫无根据的遐想。事实上，它是领导者亲身经历过的事情和经验通过融合和总结而形成的。与任何一位领导者交谈都可以发现，其远见往往建立在个人经历的基础上，他的经历越丰富，远见就越有说服力和可信度。真正的远见的影响力是无比深远的，它超越个人能力所及的界限，带领人们达到一个令人神往的境界。如果它真的有价值，就能激发人们内心的渴望。

对未来的目标有清晰、明确的看法，是现代领导者的远见力在发挥至关重要的作用。远见力是不可或缺的，因为它决定领导者的工作能力，能描绘出未来的具体图景，点燃人们的工作热情，使人们不断进步。一旦某位领导者失去了远见，只能目光短浅地看待问题，他就最终做什么事也不会成功。由此可以看到，认知力中影响领导者创建组织愿景的正是远见力。远见力对领导者的激发力也会产生直接影响，因为远见力最有价值的特色之一就是它像一块坚固的磁石，具有吸纳和联合他人的强大力量。同时，它也能鼓动财力及其他资源的积极投入，让追随者紧紧地围绕在领导者的周围。远见越宏伟，就越能激发参与者的内在潜能；远见越具有挑战性，就越能激发参与者的拼搏精神。

远见力还会对一个人的坚毅力产生影响。如果一个人没有足够的远见，就没有对成功的渴望与梦想，未来也就失去了进取的动力。即使他现在取得了成功，将来也只能原地不动，无法攀登成功的最高峰。所以，领导者从开始就必须克服惰性，大胆地预测，给自己树立一个追求的目标，这样才会有动力。远见所规划的目标不一定能百分之百顺利实现，最终很有可能失败。那些胆小怕事、不敢承担失败后果的人，是不可能完全表达出自己的远见的。所以，远见还能体现人的勇气。要想培养自己的远见，首先得做一个有勇气的人，在前进的路上遇到一些挫折时，要勇敢地战胜它，相信自己总有一天会取得成功。

（四）学习力

学习力不仅仅体现在对显性知识的学习上，还体现在对隐性知识的学习上。所谓显性知识，就是能够用语言和文字描述的知识，我们可以从阅读、演讲等方式中快速获得的知识都属于显性知识；隐性知识则是无法用语言和文字描述的那些"诀窍"，往往要通过长期的试验、模仿甚至领悟才能获得的知识，这类知识只能通过"师傅带徒弟"的方式，在长期的实践中领会。因此，领导者一方面要加强对显性知识的学习，如阅读，快速掌握前人已经建立起来的显性知识体系，了解曾经发生的历史，读懂世界和人性。比如，要读懂中国历史，可以从编年史、断代史、跨代史的时间维度来读，可以从世界史、全球史的空间维度来读，也可以从以中国人视角写的中国历史和以外国人视角写的中国历史等不同维度来读。不同维度和视角的学习可以提高我们学习的广度和深度，有利于把握知识的整体性、深刻性。另一方面，领导者要加强对隐性知识的学习，反复实践，不断试验，提高自己对隐性知识的领会能力。领导者要加强在实践过程中对实践方式、程序、习惯的感知和把握，不断提高自己对隐性知识的学习能力，致力于把隐性知识转化为显性知识。

除了隐性知识和显性知识的学习外，提升学习力更重要的是实现隐性知识和显性知识的转化，也就是对知识的加工和转化，这个过程体现了学习过程的创造性和劳动性特征。我们所说的"勤于思考，善于总结"就是指这个转化过程。学习的创造性就是把显性知识（书本上的理论知识等）内化为自己的能力，能够运用这些知识解决问题，实现学习的迁移。把隐性知识转化为显性知识更为复杂，把原本无法用语言文字描述的诀窍总结成可以传播给其他成员并让其他成员掌握的知识，这种创造性不仅能极大地提高组织成员的信任度，更是对知识发展的巨大推动。另外，学习过程需要耗费精力和时间，学习者不仅要找出各类知识的内在逻辑，还要把各类知识用自己的一套逻辑进行组合，构建起一套属于自己的知识体系。领导者只有提高实现这个转化过程的能力，才能真正有效地提高学习力。

　　由上述内容可知，领导者的学习不仅包括显性知识的学习，更重要的是隐性知识的学习。因为领导者总是面对复杂的环境，这些环境很难用语言描述，必须置身其中才知道它们有多复杂，所以领导者要具备处理这类复杂问题的能力，在反复实践中学习并掌握因时、因地、因人、因事、因境、因情做出选择的能力。

（五）专家力

　　专家力是在某特定领域内很高的知识水平、丰富的经验、深入的理性思考、独到的见解及解决复杂问题的专门能力的集合。领导者的专家力是指对特定领域的情况和问题有深刻的认知。一个人从自己比较熟悉和擅长的领域入手，更容易实现以点带面，由线到片，从而把握组织情境或外部环境的全貌。因为事物是相互联系的，"牵一发而动全身"，所以，无论从哪个角度切入，找到事物之间的联系和规律，就能够对事物发展变化的整体规律有准确而深刻的认识。比如，对问题分析越深入，解决问题似乎越来越难，这就像爬山爬到半山腰或者接近顶峰的时候，既不知道前方还有多远，也不知道该如何退回到出发点，既失去前进的方向，更失去解决问题的体力，很多人往往就在这样的状态中迷失了方向，迷失了自己。可是如果你对这片区域的情况具备一定的专业知识，就能够大致判断出未来努力的方向，团队其他成员对你的信任就会大大增加。而当你带领团队通过努力最后胜利登顶的时候，就能看到山的全貌。当你具有认知该区域全貌的能力时，你的专家力就得到了进一步提升。在这个过程中，你获得的不仅是关于这片区域的专门知识，还了解了爬山过程中可能遇到的问题、可以解决所有爬山问题的普适性的措施与办法，这些措施与办法若能适用于其他爬山过程，就意味着你可以将这个区域的知识迁移到其他区域。因此，专家力能够帮助领导者建立组织成员对他的信心，帮助领导者通过一个领域认知全貌，掌握事物发展规律，构建认知世界的方法，提高认知事物的效率。

二、影响认知领导力的主要因素

我们认为认知力是领导力作用过程的前提，从这个逻辑出发，领导力的其他各种因素都会受到领导者认知力的影响，也就是说认知力是因，其他因素是果，但是这里我们要讨论认知领导力反过来会受到领导力其他维度怎样的影响，以及其中的原因。其实很简单，领导者对事物的认知是动态的、不断更新的、循环的，各种维度之间复杂互动、互为基础，推动领导者认知力和其他能力不断提高。影响认知力的因素很多，这里我们更多是从领导力的角度讨论领导力其他维度对认知力的影响。影响认知领导力的因素包括信任认知、创新认知、互动认知、执行认知、责任认知。

（一）信任认知——信任领导力产生的认知力

信任力包括自信、乐观、诚信、正直、勇气、责任感等。信任包括以下三个方面的内涵。

第一，信任力代表自信程度，就是领导者对自己带领团队实现目标是否有足够的信心。领导者对自己的信心充足，说明领导者具有这方面的成功经验，或者具有熟练处理各种问题的能力，对组织未来的发展充满希望，对于自身所具备的德行修养会对团队产生正面引导和影响有较高把握。这种自我信任力越强，越有利于领导者判断力、洞察力、远见力、学习力、专家力和系统思考的提升。

第二，信任力既代表领导者对组织成员实现未来愿景与目标的信任程度，也代表组织成员对领导者个人品质的认可程度和信任程度。这种互信度越高，一方面，领导者更愿意把自己对未来愿景与目标的思考和信息与成员分享；另一方面，组织成员更加愿意把自己的聪明才智应用到工作中，并将自己所掌握的各种信息与组织分享。双方这种互信度越高，从对方那里获得的信息就越丰富、越及时、越有效。双方越信任，就越没有后顾之忧，越能敞开心扉，做到"知无不言，言无不尽"，信息的透明度就越高，从而极大地拓展双方认知的广度、深度，进一步提高双方的认知能力与认知水平。

第三，信任力代表组织成员对实现愿景与目标的信任程度。对愿景与目标可实现性的信任力越强，越容易提高领导者和组织成员的系统思考能力，越容易建立起愿景与目标和自身努力的关联，把信任力转化为对实现愿景与目标的路径和自身潜能的认知。为了实现愿景和目标，组织成员会不断挖掘自身潜能，不断提高学习力、判断力、洞察力、远见力，从而提高认知的深度和广度。因此，领导者的信任力能对认知力产生直接的促进作用，提高信任力有助于提高认知领导力。

（二）创新认知——创新领导力产生的认知力

从创新力维度来看，领导者可以通过想象力、原创力、整合力、连接力、创建愿景、开放思维等创新能力对组织成员产生影响，促进领导者认知领导力的提升。创新是组织前进的动力，正是一次次创新不断推动领导者和组织成员的认知力转向新领域、新视角、新方式。

第一，创新为深度认知提供新领域、新方向。在不同资源和要素之间找到新连接，发现新关系，建立新秩序，既是领导者带领组织成员对组织认知过程的结果，也是认知过程的新开端。领导者在这些新连接、新关系、新秩序等创新成果的基础上进一步拓展结果以连接更多资源，推动认知力不断提高。在资源要素间新关系的基础上如何进一步优化，还需要注入哪些新知识，不仅需要进一步判断、学习、洞察，站在更高更远的角度思考未来的新变化，也需要进一步提高认知力与新的技术和资本要素相匹配，不断推动认知力向前发展。由此可知，新连接、新发现、新关系与认知互为因果，相互促进。在组织内部，领导者不仅需要解决建立新秩序所带来的新旧秩序冲突问题，还需要不断认知伴随新秩序可能产生的新问题，只有随时保持一种敏感性，带着解决问题的意识，才能持续创新，这样的过程必然会推动认知力不断深化。

第二，创新为系统认知提供新课题。创建组织愿景并将组织愿景具体化是不断深化认知组织愿景的过程。组织愿景要成功地转化为所有成员的行动，首先必须深化所有成员对愿景的认知，要让每一个成员充分、系统地认识到组织愿景的科学性、合理性，及其与自身梦想的关联性。只有全体成员真正理解、掌握了愿景本身的科学性、合理性，才能统一认识，统一行动。离开了这样的认知，愿景就很难转化为组织成员自己的目标，很难协调全体成员的行动，也就无法保证组织最终的成就。因此，创新过程为认知提供了新内容、新课题，将有力促进组织认知水平的提高，促进认知标准的统一，促进认知效率的提高。

第三，创新促进认知广度的提高。创新过程要求领导者和组织成员面对新技术、新方法、新观点时更包容、更开放、更自由，这种开放性能够促进领导者和组织成员获取更多的相关信息，认知范围更加广泛，认知更加全面，从而提高领导者和组织成员的认知力。因此，领导者的创新力能够对信任力产生直接的促进作用，提高创新力有助于提高认知领导力。

（三）互动认知——激发领导力产生的认知力

从激发力维度来看，领导者可以通过赋予意义、激发成长、授权赋能、情绪共鸣、鼓舞人心、关心他人等激发能力对组织成员产生影响，促进领导者认知领导力的提升。

领导者对组织成员的激发本质上体现为互动沟通，而互动沟通是在互动认知的基础上不断交流的结果。领导者要把赋予愿景的特定意义传递给组织成员，首先需要激发组织成员对该愿景的认知积极性。只有在组织成员认知到这一特定意义后，才能产生内在的驱动力，从而产生行动。组织成员对意义本身的理解是否准确和完整，理解程度如何，需要用沟通的方式向领导者反馈。领导者从反馈信息中更新对组织成员的认知信息，进而判断下一步行动。同样的过程也发生在激发成长过程中。要激发组织成员的自我成长、自我实现、自我超越，领导者首先应该做的是强化组织成员的自我认知，要让组织成员对自我、对组织发展有全面系统的认知，并不断向领导者反馈成长的信息。领导者与组织成员的情绪共鸣会显著提高双方的认知效率和认知深度，尤其是情绪共鸣带来的那种"心有灵犀一点通"的认知状态会极大地促进新情绪、新信息的传递和认可，同时提高双方对某些特定事物的认知水平。在激发领导力产生互动认知的过程中，领导者和组织成员通过不断地沟通、不断地认知、不断地更新、不断地互动，从而形成双方的互动知识，提高对对方的认知水平，同时提高双方的认知能力。因此，领导者的激发力能够对认知力产生直接的促进作用，提高激发力有助于提高认知领导力。

（四）执行认知——执行领导力产生的认知力

从执行力维度来看，领导者可以通过构建体系、调整结构、以身作则、精力充沛、转化转换、协调冲突等执行能力对组织成员产生影响，促进领导者认知领导力的提升。

领导者为确保组织愿景顺利实现必须采取的行动是构建体系，这套体系必须回答的是：实现组织愿景的不同阶段、不同组织职能、各种组织资源、各种组织程序如何协作，如何衔接，如何配合，才能形成一套高效、有序、可靠的执行系统。这套执行系统本身的系统性能有效提升领导者对组织执行系统全局的掌控，使其及时掌握执行全过程、全方位信息，充分了解系统可能存在的问题和风险、可能存在的冲突、可能在未来不适应变化的环节，极大地提高领导者系统思考的能力和水平，使其把整体规划与全面执行紧密地联系在一起，对整个组织的愿景、执行情况进行全面分析、动态调整。

领导者在行动中调整结构的过程，不仅需要对新结构是否适应新愿景的要求进行判断和洞察，也需要就新结构在运行过程中的新情况、新动向展开学习，不断提高学习效率，以更好地对新结构进行动态监测，也就是动态认知。同时，领导者在以身作则的行动中，把构想的愿景与现实行动的成就适时地进行对照，并获得第一手信息，这有助于领导者更好地实现理论与实践的结合，提高判断的准确性和对事物发展变化分析的深刻性，提高认知力。协调冲突是行动过程中不可回避的环节，准确判断愿景与现实成就之间的差距是执行中的重要任务，在执行中不断对标，不断认知和判断，将有利于认知力的提升。同时，协调执行过程中职能、成员、效率与质量之间各类冲突和矛盾能够使领导者在第一时间获得直接信息，对提高判断力、洞察力、远见力、学习力、专家力和系统思考等认知力具有直接的促进作用，有助于提高认知领导力。

（五）责任认知——坚毅领导力产生的认知力

从坚毅力维度来看，领导者可以通过定力、承受力、毅力、复原力、挑战性、勇于担当等坚毅能力对组织成员产生影响，促进领导者认知领导力的提升。坚毅力是领导力发挥作用的重要保障。领导者在带领组织成员取得一项又一项成就的同时，总会遇到许多困难和考验，只有在真正面对这些困难和考验时才能深刻认知各方面信息，才能从各种细微之处找出背后的逻辑，进而提高洞察力和判断力。领导者要向困难学习，向压力学习，从教训中反思，从经历中总结，在坚持中反复分析，这对提高学习力有很大的促进作用。领导者在坚持不懈的努力中，对团队责任和担当的理解会更加深刻，对坚韧不拔的过程的认知会更加深刻，而每一个组织成员面对压力和挑战时对责任和担当的认识也会更加深刻。组织面临的压力、考验和挑战，可以使领导者对组织成员不同于顺境下的各种反应有更加深刻的认识，提高领导者对逆境的认知力。因此，领导者的坚毅力能够对认知力产生直接的促进作用，提高坚毅力有助于提高认知领导力。

三、认知领导力的提升路径

认知领导力的提升不仅需要领导者提升自身判断力、洞察力、远见力，提高学习力、专家力，更需要领导者完善系统思维，在已有知识体系的基础上，从整体上把握组织发展的现状，深刻把握组织的内在优势，洞悉组织成员的心理期盼，洞察组织未来发展的趋势和机遇，用准确的判断、深刻的洞察、未来的远见、持续的学习、系统的分析思维为组织发展提供知识思想保障，构建为组织发展指引方向的智库。

（一）提升认知领导力

1. 提升判断力

提高一个人判断力的主要路径有四个：一是增加丰富的先验知识，二是获得充分的信息，三是减少情绪的干扰，四是提高分析的逻辑性。

第一，增加丰富的先验知识。增加知识储备是提升判断力的基础。足够的知识储备能够使领导者快速把握事物发展规律，抓住关键和要害。要增加知识就必须善于学习，善于积累。子曰："三人行，必有我师焉。择其善者而从之，其不善者而改之。"身边做得好的人都是我们老师，只要我们随时保持学习的心态，善于观察，就能体会到"处处留心皆学问"。要增加知识就必须坚持阅读，通过持续的大量的阅读快速扩展自己的视野，建立知识框架。要增加知识还必须深入实践，在亲身经历中积累经验教训，增加实践中体验到的隐性知识。

第二，获得充分的信息。对于充分的信息的判断依据，信息的准确性、完整性和及时性都举足轻重。要提高信息的准确性，就要对信息的来源进行甄别，确保信息来源的可靠性。对信息真伪的鉴别要从多渠道入手，通过多种渠道的相互印证，深入实地调查研究，掌握第一手信息，提高信息的准确性和可信度。要提高信息的完整性，就要对信息产生的时间、地点、人物、具体细节、原因、结果、影响、成本、媒体反应、相关利益方等多方面信息进行全面完整的搜集和梳理，还要对关联信息保持敏感，利用其他线索对要找的信息进行适当推理。要提高信息的及时性，就要保持信息的及时更新，掌握最新的动态，对未来的发展趋势做预判，并做好相应准备。知己知彼，百战不殆。

第三，减少情绪的干扰。情绪会左右一个人的判断力，要想得到客观的判断，就要尽可能减少情绪对判断的干扰。学会让自己冷静下来，只有冷静地思考才会使人头脑清晰、思维敏捷，判断的结果才会准确、客观、真实。冲动是魔鬼，凭冲动去做事情，急于求成的做法是不可取的，也是行不通的。要保持情绪稳定，就需要不断提高自我情绪感知力，随时感知自己的情绪状态，并不断调节自己的情绪，不要轻易被外在因素影响，保持情绪平和，不把情绪带入判断之中。

第四，提高分析的逻辑性。要认清楚眼前的事情，就要从自己的实际情况出发，认真分析，抓住本质，对事情深思熟虑，然后做出判断。只有经过认真的分析研究，才能做出正确的判断，采取正确的措施，进而把握主动权。从哲学上讲，凡事都有前因后果。事物的发生、发展都有一个合乎逻辑的过程。在生活中，我们不但要学会了解事物，更重要的是要学会全方位地了解事物，对事物的形成过程仔细观察，认真研究，这样才能对事物的发展趋势做出准确的判断。许多事情往往具有复杂性、隐蔽性和多变性，这使我们很难一眼看清它的真实面目，这时就要学会多问自己几个为什么，把复杂的事情简单化。我们不要被事物的表面迷惑，要处之坦然，平静面对。要分析其中哪些成分是可靠的，哪些成分是虚假的，即对事物进行认真细致的考察，进而抓住要点，抽丝剥茧，挖掘事物的本质。当我们洞悉其本质之后，才能做出准确的判断。从心理学的角度来说，我们要采用积极正确的思维方式分析问题；从实际操作性来说，我们必须进行调研，反复论证。而只有这两者完美结合才会使我们的可行性分析更全面准确。同时，事物不是一成不变的，而是迅速向前发展的。我们只有不断分析事物的发展趋势，才能跟着发展正确地转换自己的思维，从而做出准确的判断。因此，要想对事物的发展前景有一个准确的判断，就必须了解事物的现实环境和发展趋势，然后再付诸行动。

2. 提升洞察力

洞察力指深入事物、问题的能力。领导者要深入事物或问题，与判断力一样，首先要积累很多必要的先验知识，否则就无法深入，只能看到事物的表面。所以，要提高洞察力，领导者就得具备相当的阅历，这点十分重要。其次，遇到问题一定要集中注意力，反复认真思考，从而做出正确的分析和判断。集中注意力去思考问题、处理事物是很重要的。最后，自己的实际经验也可以成为洞察力的一部分，接触的事物多了，处理过的问题多了，一旦遇到类似的事物，便能瞬间明白其中的道理，认清事物的"真相"。所以，丰富的阅历、集中的注意力、丰富的生活经验是提高洞察力的关键。

一是多观察，多搜集资料。领导者可以变换观察的位置和拓宽观察的视野，从不同角度观察。不经过分析、整理的资料是没有用的，对资料要去伪存真、由此及彼、由表及里，经过系统分析使之成为有价值的信息。当你对一件事很熟悉时，比较容易知道问题出在哪，这就是我们平时说的直觉，因为你的潜意识其实一直在思考这个问题。

二是科学思考。从资料到洞察的过程，不仅涉及广泛的知识领域，而且要经过科学的、系统的思考，之后才能有对事物客观的看法和准确的预测，即洞察力。

三是注意细节变化。一些优秀的人物往往在一些细节小事上洞察到别人未曾留意的事情，由此大胆地推断。他们能留心身边的小事情，从中发现一些别人不易察觉的端倪，在出现问题前就发现问题并提前解决。很多事件在没有发生变故前都是有预兆的，只是很少有人留意。

四是注意事态的发展与变化。领导者要知道任何事物都是持续发展的，随时关注事态发展也是提高洞察力的好方法。

3. 提升远见力

远见是对事物未来发展趋势提前且准确的认知和判定。这里有两个关键词：一个是"提前"，即如果对事物未来发展趋势的认知没有足够的提前量，就无从谈起"远见"中的"远"；另一个是"准确"，即如果对事物未来发展趋势的判断不准确，就无从谈起"远见"中的"见"。从人类社会历史发展过程来看，越是能够流传久远、影响深远的东西，就越符合事物发展的客观规律，越符合人最本质的需要。领导者要提升自身的远见力，就要掌握这类客观规律，深谙人性的特征，从纷繁复杂的现象中找出决定事物发展的内在因素，这就是哲学思考。因此，领导者要注重学习历史、哲学，总结规律，读懂人性，要运用哲学思想梳理事物发展的规律，对未来的发展趋势做出预测。另外，领导者还要拥有足够广阔的视野和胸襟。广阔的视野就是具有大局观，能够帮助领导者总结事物发展的共性，从日常事务中解脱出来，学会抓大放小，把更多的时间和精力用于思考更加宏大、影响更加深远的问题。领导者还要具备胸怀天下、包容一切的胸襟，有如此包容的心态才能真正客观全面地获得信息、整合信息。领导者要主动接触外界信息，把掌握更加丰富的信息作为自己的重要职责，找到事物发展的本质规律。领导者一定要有宏大的格局、广阔的视野，大格局决定大视野，大视野带来大事业。

4. 提升学习力

学习力是认知力的重要基础。无论是判断力、洞察力、远见力还是专家力，都建立在领导者强大的学习力的基础上，离开了持续的学习，离开了学习的心态，领导者的认知力就会停滞不前。如果把一个人的认知力看作某个阶段各种认知能力综合体现的结果，那么学习力则是认知力持续改善的动力。也正是有了这个动力，一个人的认知力才能够不断提高。因此，提升学习力是提升认知力的关键。要提高学习力，可以从提高学习的主动性、注重人际互动学习、找到适合的学习方法等方面入手。

一是提高学习的主动性。很多时候，特别是在校学习的时候，大学生对学习的理解容易出现偏差，如经常把学习的方式当成学习的目的，把教师当成专业知识的唯一来源，把考试当作学习效果的衡量标准，等等。出现这些偏差的一个重要原因是很少去思考一个问题：我们为什么要学习？即思考自己学习的真正目的。如果不能很好地回答这个问题，那么大学生的学习就是盲目的。如果不知道学习到底是为了什么，那么大学生就不会真正产生主动学习的动力。学习不是为了考试，不是仅仅为了生活，而是为了发现更好的自己，让自己更好地存在。正是这种对"更好"的追求促使我们永无止境地学习下去，只有这样我们才能不断地影响别人、改造世界，才能不断地追求更大的成就。正是这种出发点让我们知道学习不是为了别人，而是为了自己。别人没有义务督促你学习，唯有你自省、自主、自觉。我们需要真实地面对自己，面对世界。同样，领导者需要知道自己的短板，自己想要什么，然后展开针对性的学习，带着问题去学习。面对当今世界上的海量信息，只有明确了自己的需求，设定了明确的学习目标，学习才会事半功倍。

二是注重人际互动学习。学习的方式多种多样，并非只有在课堂上才能学习。通过思想的碰撞获得信息和知识，并由此产生新知识的过程，也是一种非常重要的学习方式。在与人交流的过程中，要善于向别人学习，重视对人的品格、知识、思想、智慧等方面的学习。人际交往的这种学习更为直接，更能产生真实的感受和体验，也更有利于在人际交往中进一步应用。人际互动学习一个典型的例子就是"师傅带徒弟"，徒弟通过模仿，通过反复的试验，学到一些无法用语言和文字进行描述的诀窍，领悟并掌握相应的知识。徒弟在向师傅学习的过程中，首先需要直接模仿，并在模仿中不断体会和想象，在不断的反思中提炼，逐步领悟，实现提升，从而产生一种明悟。这样的学习可以直接把学到的知识转化为能力。这种隐性知识的学习是人们常常容易忽略的，需要加以重视。

三是找到适合的学习方法。擅长领域的不同决定了每个人的学习方法和路径的差异性。每个人的学习能力和学习效率是不一样的，领导者要在成长过程中找到一套适合自己的学习方法、技巧和学习节奏，进而提高学习的效率，这对每个人来讲都非常重要。

5. 提升专家力

这里所谓的"专家"并不是指传统意义上在某个专业方向有多年的经验，有深厚的专业功底，有丰富的研究成果的人。对于许多在校大学生而言，"专家"只是代表在某一个特定领域具有独到见解的人。这里的特定领域不是指对技术有专门要求的领域，而是某一个范围。领导者最大的任务是激发团队成员的动力，并将这些动力引向共同的愿景。因此，领导者并不需要从事某项具体的任务，而是需要在某个领域具备独特的见地，通过这种方式赢得组织成员的信任和追随。领导者要提升这种专家力，需要充分了解自身所拥有的禀赋和当下大家都很关心的话题，明确自己想在组织成员心目中树立什么形象，把建立专家力作为赢得组织成员信任和追随的切入点。领导者需要对特定领域做深入的调查研究，尽可能多地掌握鲜为人知的信息和资料，并用合理的逻辑、清晰的思维向其他成员展示自己在该领域的思考过程、分析结果及应对策略，通过事件的现象、分析的过程及结果向成员展示自己的判断力、洞察力、远见力、学习力及创造力。

6. 提升系统思考

世界上的一切事物都不是孤立存在的，它们彼此之间存在千丝万缕的联系。唯物论要求我们全面地看待问题、分析问题。只见树木不见森林的人永远无法了解森林的全貌。我们只有对事物进行综合分析，把一切有联系的因素都考虑进来，然后详加分析、考察、比较，再做出判断，才会使事物的本质清晰地呈现出来。综合性分析的过程其实也是结合自己给愿景与目标定位的过程。过高估计自己，往往会将目标定得过大，最终无法实现；过于轻视自己，又会将目标定得过小，由于唾手可得，会使人缺乏激情。每个人都应该养成对事物进行综合分析的习惯，遇到事情时不要慌乱，而要用平静的心态去观察、了解、分析事物的发展趋势，寻找解决问题的办法，如此就不会因把握不准方向而徘徊不前。

一是提升系统思考的广度。在我们的思维过程中，一连串的论证可能是清晰、准确、相关的，但可能缺乏广度。从不同角度思考问题时，我们就是在用宽广的方式进行思考。如果多种不同的观点都与问题相关，但我们忽略了其中某些观点，没有尝试从更多的视角来分析问题，就可能导致我们的观点缺乏代表性。系统思考要求我们对问题的思考和分析具有足够大的覆盖面，能够充分审视问题的相关领域，从而更加全面地剖析问题的原因，为更全面地提出解决方案提供依据。为此，我们需要不断拓展自己思维的广度，如不断询问自己这些问题：我需要考虑另一个观点吗？是否存在另一种看待这个问题的方式？从另外某个角度看待这个问题会怎样？等等。

二是提升系统思考的深度。当我们想对问题展开深度思考的时候，必须确认问题的复杂性。问题往往相互关联，纵横交错，让人摸不着头脑。越是复杂的问题，越需要我们做深入分析，把问题内部的关系厘清，找出关键的环节和要素，明确各个环节与要素之间的联系或因果关系，从而抓住问题的本质。离开这样的思维过程，领导者很难对问题的认知满足组织发展的需要，更不用说带领成员解决问题了。因此，找出问题的重要性、关联性及因果关系是领导者需要长期反复进行的训练。能够使思维更有深度的常用问题包括：我如何考虑这个问题中的难点？我如何处理这个问题中最重要的因素？我是怎样解决这个复杂问题的？等等。

三是提升系统思考的逻辑性。我们经常会按照一定的顺序思考问题。当按这种顺序进行的思考能够相互支持并有意义时，这样的思考就是有逻辑的。这种逻辑从本质上体现的是对事物发展规律的把握，或者说这种逻辑本身就是规律。合乎逻辑就是要合乎规律。由于我们对事物发展规律的认知建立在已有的逻辑、道理、常识的基础上，所以，我们要通过这些已有的先验知识进行推理，对比推理结果与事实结果，从而找出其内在的逻辑。能够使我们的思维过程更有逻辑性的问题包括：这些事件组合后具有逻辑吗？这个真的有道理吗？这是根据我的论据推断出来的吗？如何从证据中得出这样的推论？等等。

（二）提升信任认知力

领导者的信任力所带来的认知力主要涉及以下三个方面，分别是建立积极的自信认知、引领深刻的他信认知和构建全面的互信认知。

1. 建立积极的自信认知

领导者要在自信的基础上建立积极的自我认知。领导者的自信主要表现在相信自己能够带领组织成员实现组织愿景与目标，这种积极的自我意识能够让领导者更加客观地认识自己，用一种更加平和的心态面对自己的优缺点。一方面，这种自信能够帮助领导者更好地判断组织内部和外部的各种环境信息，对自己、组织成员、组织情境都有更加客观的认识，提升判断力、洞察力、远见力；另一方面，自信能够帮助领导者正视自己的不足，并把弥补这些不足作为自己努力的目标。带着这样的目的学习，领导者能够提升学习的主动性和效率，从而提高学习力。

2. 引领深刻的他信认知

领导者信任力的另一个表现是对组织愿景的强烈信任。基于对组织未来愿景和梦想的执着，信任会产生强大的感染力。领导者不仅要对外部机遇和内部优势进行客观分析，也要对未来组织愿景进行生动的描绘。这个过程一方面能够向组织成员展现领导者的洞察力、判断力、远见力、专家力、系统思考，让组织成员对组织愿景有更加深刻的认知，增加组织成员对组织愿景的认同和信任度；另一方面是对领导者洞察力、判断力、远见力、专家力、系统思考的训练和提升，通过组织成员的跟进加强领导者对组织愿景的信心。

3. 构建全面的互信认知

领导者信任力最核心的部分是与组织成员之间建立全面互信。领导者与组织成员之间的互信能够促进两者之间的信息交换与信息共享，大量信息和思想的交流共享将极大地提高领导者对组织成员、组织情境、外部环境认知的完整性和真实性，这对认知力各个维度的影响都是非常直接的。领导者与组织成员的全面互信能够提高领导者对信息判断的准确性，进而提高判断力；能够帮助领导者从具体事务和细节中察觉变化的种种迹象，从而提高洞察力；能够帮助领导者在掌握事物发展规律和更为完整信息的基础上做出更加符合实际的决策；能够帮助领导者在更为对称的信息环境中学习和交流，提升远见力、学习力、专家力和系统思考。

（三）提升创新认知力

领导者的创新认知力主要涉及三个方面，分别是认知视角、认知内容、认知方式的创新。

1. 发现新的认知视角

领导者的创新力促进其不断换位思考，寻找新的认知视角。领导者创建愿景是领导力作用过程的核心，在创建愿景的过程中，领导者不仅要对组织资源、能力和优势进行详细的梳理，也要对外部环境带来的机会或挑战进行预测。内部组织成员的共同期盼与向往在不同阶段有不同的表现方式。这些都为领导者提供了动态的情境信息，在各种因素的影响下，领导者必须学会从不同的视角对组织发展做出分析、思考、判断和预测，从各种细微的变化中洞察其原因。这些新视角给领导者认知提供了新的路径，有利于领导者认知力的提升。

2. 整合新的认知内容

领导者采用新组合方式整合资源的过程，就是对资源价值、资源利用方式，以及各种资源之间组合方式的新认知。对组织资源自身价值的发现和挖掘，既是一个创新的过程，也是一个认知不断深入的过程，这个过程能够提高领导者的判断力、洞察力及学习力。资源利用方式的创新，能够创造出不同的资源利用关系，这种新关系的整合不仅为领导者提供了新的认知视角，也丰富了认知的内涵，为领导者和组织成员描绘了一个全新的共同愿景。领导者和组织成员不再像过去那样仅盯着对方和自己当下的利益，而可以看得更长远，通过共同的努力把利益更大化。共同愿景将领导者与组织成员的专注力结合在一起，开拓领导者和组织成员的认知范围，极大地推动领导者和组织成员认知力的提升。

3．连接新的认知方式

创建愿景为领导者和组织成员构建了一个全新的认知方式。在愿景被创建出来之前，领导者和组织成员的认知更多是相互之间建立起来的互动认知，以及进一步延伸到组织内部和外部的情境因素。这几个因素最大的共同点是它们在时间维度上是重叠的，这必然导致领导者和组织成员认知力的局限性。而愿景是在未来某个阶段才能实现的，在时间维度上它超越了当下这个时间，在程度上它超越了组织当下所能取得的成就，在心理上它表达出组织成员共同的愿望。通过创建愿景，领导者和组织成员双方的认知方式从当下连接到未来，从对方连接到愿景，从各自的利益连接到共同的利益。这种连接改变了领导者和组织成员的认知方式，为双方实现认知一致、凝心聚力指明了方向和路径。

（四）提升互动认知力

领导者的激发力所带来的认知力主要涉及三个方面，分别是互动知识、情绪认知和意义认知。

1．提升互动知识

领导者与组织成员互动过程中的有效沟通能够推动双方互动知识的构建。双方通过沟通建立起来的互动知识，不仅能够提升领导者和组织成员的互动学习力，更重要的是能够提高双方的互动认知力。领导者和组织成员之间的频繁沟通，能够让双方深刻且及时地掌握对方如何理解自己、如何看待愿景、如何判断情境、可能采取的行动等信息，沟通中形成的互动知识能够提高领导者的学习力和判断力。在这一过程中，领导者要强化互动学习力，提升在人际沟通中快速梳理、融合相关信息，形成互动知识，做出判断的能力。

2．提升情绪认知

除了互动知识，领导者与组织成员的情绪共鸣也会推动领导者的情绪认知力的提升。双方在互动过程中对情绪的感应及对情绪的调整都有赖于从对方的情绪反应中得到的反馈和验证，双方对反馈信息的判断、洞察与

学习直接决定了双方的情绪反应。

对情绪反应的认知属于一种典型的隐性知识，要提高情绪认知力就必须进行多次训练，在一次次的情绪体验中逐步建立和提升情绪认知力。因此，领导者和组织成员之间的互动过程有利于提升双方的情绪认知力。

3. 提升意义认知

在领导者与组织成员互动沟通的过程中建立双方与组织愿景之间的连接，用愿景引领全体成员的共同努力至关重要，而实现这一目标的关键就是要让组织成员充分认识到实现愿景对自己的意义。当领导者促使组织成员发现实现组织愿景对自己的意义和价值时，组织成员的内在动力就会被激发出来。在这个过程中，让组织成员自己完成对愿景意义的认知是关键。领导者在这一过程中对组织成员心理状态的洞悉、对组织成员认同程度的判断、对能否推动组织成员完成这一认知有直接影响，这一过程有助于促进领导者和组织成员共同完成对愿景意义的认知。

（五）提升执行认知力

领导者的执行力所带来的认知力主要涉及三个方面：直接的实践认知、积极的问题导向、有效的行动与认知融合。

1. 直接的实践认知

在领导者带领组织成员实现组织愿景的行动过程中，领导者在构建组织体系、调整组织结构、协调冲突等具体行动中能深化对实践的认知，从实践和行动层面对愿景展开再认知，用愿景指导实践，根据实践调整行动，边实践边学习，从经验中总结知识，从教训中反思过程，逐步实现隐性知识的汇集与凝炼，从而提升在行动过程中不断学习的能力，提高实践认知力。同时，只有实现从愿景到行动成就的创造性转化和创新性转换，才能真正使愿景成为现实。这样的转换过程将推动领导者创新力与认知力之间的交融，使两者相互促进，相互支撑。

2. 积极的问题导向

在具体行动过程中，领导者能够形成积极的问题导向的认知模式。在实践中，实现愿景的方式和路径有很多，学会在诸多方式和路径中做出选择和判断，把握每一步行动的影响，对每一位领导者都是重大考验。实际行动中往往没有犹豫的时间，没有多余的资源可供选择，领导者必须在遇到问题时不断探寻问题产生的原因，不断试验，从而找出解决办法。这种问题导向的认知模式有利于提高领导者的专注力，促进认知效率的提升。

3. 有效的行动与认知融合

在实际行动中，领导者要带领组织成员将认知与行动有机融合起来。认知结果成为行动的依据，行动的结果成为新的认知前提，可以说，行动过程本身就是认知过程的一部分。这样的循环过程和相互的反复促进会极大地推动领导者动态认知力的提升。领导者必须以身作则，雷厉风行，才能真正进入特定"状态"，锻炼快速认知、快速判断、快速决策的能力。

（六）提升责任认知力

领导者的坚毅力所带来的认知力主要涉及三个方面，分别是持续认知、回溯认知、责任认知。

1. 提升持续认知

领导者的坚毅力首先产生一种持续的、正向的认知力。当领导者对组织愿景具有坚定的信念、稳定的情绪、确定的行动时，这份坚定带来的对愿景和组织成就的认知就是正面的。对愿景的信念越坚定，行动成就越显著，领导者和组织成员越会产生持续的正向认知，带来的结果就是信念更加坚定，如此循环下去。因此，持续和正向的认知力和执行力会产生相互的正强化作用。

2. 提升回溯认知

领导者在实现组织愿景的过程中总会遭遇困难，产生负向认知，这种认知主要表现为领导者的反思活动，包括反思学习、回溯思考和教训识别。如果领导者意识到行动的结果与组织愿景的要求存在偏差，这种偏差会促使领导者不断总结造成问题的原因，找出导致偏差的因素，提升自己的实践认知和学习能力。此外，领导者还能通过这些行动结果提高对影响行动有效性负面因素的识别能力，从而提高反思认知力。

3. 提升责任认知

领导者的担当只有在实际行动中才能真正体现出来。领导者只有亲自承担责任和接受行动结果，才能理解责任与担当的真正含义，正如古人所

言："纸上得来终觉浅，绝知此事要躬行。"通过对愿景、目标和行动成就的比较，可以更好地理解行动结果的含义，促进认知力的提升。

第二节　当代大学生信任领导力培养

一、信任领导力的构成要素

信任领导力包括自信、乐观、诚信、正直、勇气、责任感。

（一）自信

自信，也称为自我效能，它代表一个人的心理优势和心理能力。我们在日常活动中表现出来的每一项能力背后潜在的东西都是动机，而动机建立在我们相信自己所付出的努力能够获得成功的基础之上。

自信指相信自己所付出的努力能够获得成功的可能性，也就是人们对自己完成某一特定任务可能性的估计。自信是学生对自己在特定的情境里能够激发动机、调动认知资源及采取必要的行动来完成某一项特定工作的信念（或信心）。越来越多的研究结果表明，自信会影响人们在各种工作和生活场景中发挥知识、技能或能力，在很大程度上决定了你是什么样的人、你相信自己能够做什么、你会去做什么，以及你能成为什么样的人。

如前所述，有关自信的五个关键发现分别是：自信与具体领域有关、自信建立在练习或熟练掌握的基础上、自信总有提升空间、自信受他人影响、自信是会变化的。一个人要想得到别人的信任，首先需要自信，如果连自己都不相信自己，怎么能取得别人的信任？

（二）乐观

乐观不仅指预期未来会发生积极事情的心理倾向，还指我们对事物的解释与归因。不管是积极的还是消极的，是过去的、现在的还是未来的，乐观取决于事情发生时我们是如何解释与归因的。因此，乐观是一种对事物进行解释与归因的心理倾向，也是把积极的事件归于自身的、持久的和普遍的原因，而把消极的事件归于外部的、暂时的及与情境有关的原因。

对于领导者来说，乐观既能促进自我意识的形成，同时也是强烈的自我意识的结果。通过多源反馈，领导者的自我意识会变得更加准确和客观，他们渴望不断地提升自我并与他人建立信任关系，因此，领导者会鼓励这种反馈。领导者的自我调节能力有助于提高自身的适应能力、响应能力和持续提升能力，这一切都与乐观相一致。乐观的组织领导者会冒险，但只会限于可预测的风险。他们知道自己的角色是变革的推动者，敢为自己、同事、组织编织梦想，并在追求梦想的过程中鼓舞、激发其他同事参与。乐观的领导者关心下属的发展，对自己的优点和弱点有非常清楚的认识，能够摆正自己的位置，对下属的优点和弱点也有非常清晰的了解。乐观促使他们不断提升自己及其追随者的能力。他们不会攫取功劳或者逃避责任，他们为下属的成功感到自豪。他们通过帮助成员建立乐观的心态来开发成员的潜能，用必要的知识、能力和动力来激发组织成员的积极性。他们不仅是为了帮助组织成员获得成功，更重要的是为了让组织成员将取得的成就归于自身的、持久的和普遍的原因。因此，乐观的人不仅能够增强自信，对未来也充满了希望，还能够带动和引导其他人增加自信，使自己更容易得到别人的信任。

（三）诚信

诚信就是诚实无欺，信守诺言，言行相符，表里如一。诚信是人与人之间产生信任的基础。诚信代表一种稳定的人格品质，代表一个人的行为倾向。一个诚信的人，凡是承诺的事情一定能够做到，凡是答应的事情一定能够尽力做好。正是这样一种可预测的特质，让我们可以根据对方的言行做出判断，对未来的行为结果做出预测。一个人的诚信程度代表的是他在未来采取何种行为并将导致何种结果的信息透明程度。一个人的诚信度越高，其未来行为的信息透明度就越高。一个组织中，领导者和组织成员之间的诚信度越高，双方对对方未来采取行动的可预测性就越高，双方维持某种特定秩序的成本就越低，建立互信关系的可能性就越大。对一个人诚信度的判断是一个持续积累的过程，是通过对日常工作和生活中每一句话、每一个行为的不断验证实现的。对一个人的言行进行观察和验证的时间的长短、范围的大小、事件的多少，决定了获取的信息量的多少，也就决定了诚信度的高低。

现代社会建立的个人征信系统是反映社会中个人诚信程度的重要方式，是通过对个人在长期的金融和商品交易中每一次行为是否诚实守信的验证建立起来的一个系统。这个系统在商务、金融等领域有着广泛的用途，但是如果从一个人整体工作和生活的系统来看，这些信息还远远不够，对一个人诚信度的判断还需要其他方面的大量信息。

（四）正直

正直就是不畏强势，敢作敢为，坚持正道，勇于承认错误。正直意味着坚持自己的信念。这一点包括个人有能力去坚持自己认为正确的东西，在需要的时候义无反顾，并能公开反对自己坚信是错误的东西。简单地说，正直就是坚持公平正义。根据公平理论，社会中的每一个人都会判断自己付出的努力与自己所得的利益是否相当，并且还会和周围的人进行横向比较，看自己的所得与付出与周围人的所得与付出是否相当。如果一个人感知到大家的所得和付出是相当的，就会产生一种公平的感觉，否则，就会产生一种不公平的感觉。同处于一个组织中的时候，人与人之间的可比性更强。领导者能不能在愿景创建、任务分工、利益分配等方面做到公平公正，也就是正直，会直接影响组织成员的感受，影响领导者与成员的关系质量——信任度，还会影响组织成员之间的信任关系。因此，领导者不仅要以身作则，还要了解组织成员的这种心理倾向，并及时进行修正，提高组织成员对领导者及其他组织成员的信任度。

（五）勇气

勇气是指敢为人先的精神或气质。勇气可以被描述为"压力下的优雅"，就是面对巨大、持续的压力时仍能够不断更新自己。勇气是敢作敢为、毫不畏惧的气魄。一个组织或团队在实现目标的过程中，总需要在两难中做出选择，需要在犹豫状态中快速行动，也不可避免地会遇到困难和压力等。许多人往往会被困难吓倒，缺乏战胜困难的勇气和决心，畏首畏尾，瞻前顾后，此时特别需要领导者迅速对各种复杂的环境做出判断，把自己的信心和勇气传递给每一位组织成员，在关键的时候敢作敢为，毫不畏惧，找到解决办法，把组织成员的犹豫转化为信任，带领团队走向成功。在组织危难之际，展现出足够勇气的领导者更容易赢得组织成员的信任。

（六）责任感

责任感是一种自觉主动地做好分内、分外一切有益事情的精神状态。责任感从本质上讲既要利己，又要利他人、利事业、利社会、利国家。当个人利益与他人、社会和国家的利益产生矛盾时，要以他人、社会和国家的利益为重。人有了责任感，才能具有勇往直前的不竭动力，才能感到许多有意义的事需要自己去做，才能感受到自我存在的价值和意义，才能真正得到组织成员的信赖和尊重。站在组织的角度来看，领导者的责任感主要体现在：把带领组织成员实现共同的愿景与目标作为自己不可推卸的责任；把为组织成员构建一个良好的工作氛围，激发组织成员努力创新、实现职业成长、实现自我超越作为自己不可推卸的责任；把关心成员生活、提高组织成员生活质量、实现组织成员对美好生活的期盼作为自己不可推卸的责任；还要主动把这些责任转化为前进的动力，为更好地承担这些责任不懈努力。当组织成员真切地感受到领导者为实现组织所有成员共同的期盼付出的努力及承担的责任时，对领导者的信任就会油然而生。

二、影响信任领导力的主要因素

从领导力作用过程的分析中我们知道，认知力和信任力处于领导力作用的外圈，对内圈的各种力量（创新力、激发力、执行力、坚毅力）产生直接影响。因此，认知力对信任力有直接影响，而创新力、激发力、执行力、坚毅力对信任力的作用则是间接的。影响信任的因素很多，我们主要从领导力角度讨论构成领导力的基础维度——信任领导力会受到领导力其他维度怎样的影响。影响信任领导力的因素主要包括知识思想信任、想象创造信任、沟通激发信任、执行成就信任、坚毅担当信任。

（一）知识思想信任——认知领导力产生的信任力

从认知角度来看，领导者可以通过判断力、洞察力、远见力、学习力、专家力、系统思考等认知力对组织成员产生影响，促进信任领导力的提升。第一，认知力是领导力发挥作用的前提。领导者如果能根据已有的知识、能力及先验信息，在复杂的情形中迅速找出问题的关键并提出应对措施，就能促进组织成员对领导者的信任。古往今来，许多英雄和领袖正是有了这样的判断力才能出奇制胜、转危为安，赢得人们的爱戴。第二，领导者如果能够从"蛛丝马迹"中发现问题的关键，或者找出事物发展的规律，在众多看似无关的事件中看到隐藏的真相，在所有组织成员"六神无主"的时候找准方向、切中要害，自然可以赢得组织成员的信任。第三，领导者如果能够看得更长远，根据过去的发展轨迹对事物未来的发展变化做出更为合理的预测，引导组织少走弯路，降低组织发展风险，自然就能赢得组织成员的信任。第四，在快速变化的环境中，领导者如果善于学习，善于对经历和体验总结反思，面对新情况、新问题善于思考，善于假设和验证，则更容易发现规律和真理，提高组织成员的信任程度。第五，领导者如果具备某个领域的专门知识，具有影响其他成员的专家权，那么，他在该领域的话语权自然很高，组织成员对领导者的信任力就越高。第六，如果领导者善于从组织整体的视角看问题，善于系统思维，具有更强的全局观，考虑问题更加周到细致，不仅能够解决局部问题，还能顾及整体利益，让各方利益得到平衡和满足，减少冲突和矛盾，那么，也自然可以赢得各方支持与信任。因此，领导者的认知力能够对信任力产生促进作用，提高认知力有助于提高信任领导力。

（二）想象创造信任——创新领导力产生的信任力

第一，创新力是领导力发挥作用的核心。领导者如果能够发挥自己的聪明才智，想众人未想，甚至想众人所不敢想，并能够用特定的逻辑让该想象有理有据，或者通过自己的想象为组织创造一种共同的符号或图腾以表达组织的独特性，就容易赢得成员的认同，并赢得信任。第二，领导者如果具有很强的原创力，能够利用自己的智慧创造出前所未有的重大构想，带领组织成员走向一个全新的领域，开创一片蓝海，让全体组织成员的生活更加美好，赢得信任理所当然。第三，在好奇心的驱使下，领导者会对自己和各个组织成员感兴趣的领域有新发现、新改进、新发明，带来组织竞争力的提升，组织成员对领导者的信任也就随之增强。第四，对环境中各个因素变化的敏感性更容易让领导者洞察外界的变化趋势，快速对变化做出反应，有利于组织抓住机遇、规避风险，这种敏感性对组织变革、组织创新有着很大的推动作用，有利于领导者赢得组织成员的信任。第五，领导者如果能够创造组织成员共同期盼的愿景，带领全体成员实现自己的梦想，就可以赢得成员的忠诚和信任。第六，领导者如果能够用开放思维面对各类资源，善于构建资源聚集与整合的平台，实现资源要素的新组合，让资源要素在新环境、新模式、新方法中产生新价值，让每一个成员都能在平台上实现自己的目标，自然可以赢得合作伙伴的忠诚与信任。因此，领导者的创新力能够对信任力产生促进作用，提高创新力有助于提高信任领导力。

（三）沟通激发信任——激发领导力产生的信任力

第一，激发力是领导力发挥作用的关键。领导者把组织愿景与个人发展目标紧密地联系起来，用恰当的沟通方式让组织成员准确地感知实现组织愿景对个人的价值和意义，让成员理解个人目标与组织目标的统一性、相关性，让成员从全新的视角认识个人成就与组织成就之间的关联，有利于加强组织成员对领导者的信任。第二，通过有效的沟通，领导者能够激发组织成员实现自我价值、不断成长的内在驱动力，让组织成员意识到自身成长不仅是组织发展的客观要求，更是自己赢得尊重、实现自身价值的内在要求，从组织要求我成长转变为我要求自己成长，如此自然会提升组织成员对领导者的信任。第三，领导者给成员适当授权，让成员在一定范围内充分发挥自己所长，不断增长才干，这样的机会越多，成员对领导者的信任度就越高。第四，领导者在与组织成员互动沟通的过程中体察组织成员的情绪状态，并采取恰当的方式与组织成员进行情绪互动，让组织成员把内心的情绪真实地表达出来并获得充分理解，让组织成员的情绪得到释放，促使组织成员与领导者产生情绪共鸣，从而极大地提高信任度。第五，领导者如果能够在成员遇到困难或挫折的时候对组织成员进行鼓励，让组织成员快速度过心理低潮期，提升克服困难的勇气，重新燃起对未来的希望和信心，组织成员必定会加强对领导者的信任。第六，领导者除了在工作层面对成员的发展与成长给予关心，还对组织成员的生活情况给予关心，这往往能够激发组织成员对领导者的信任。因此，领导者的激发力能够对信任力产生促进作用，提高激发力有助于提高信任领导力。

（四）执行成就信任——执行领导力产生的信任力

第一，执行力是领导力发挥作用的重要载体，能否把组织愿景最终转化为组织成就，除了创建愿景这一核心及激发动力这一关键外，还取决于能否通过执行这个具体系统汇聚众人的智慧与力量。既要分工，又要协作；既要有规则，又不能束缚成员的创造性；既要实现组织目标，又要实现个人梦想；既要确保组织集体利益，又要保证成员个人利益。只有这样，才能真正实现从目标到成就的转化。在这个过程中，构建一个与实现愿景和目标相一致的相互支持的目标体系尤为重要。领导者要善于在激发组织成员积极性的基础上，通过自上而下、自下而上不断循环，将组织愿景与阶段性目标、部门目标、岗位目标紧密地联系在一起，从而构建起一个目标成就转化体系，这样更容易建立组织成员对领导者的信任。

第二，面对可能跟新愿景、新战略不匹配的组织结构，领导者要在充分沟通的基础上，带领组织成员对已有结构进行修正和调整，充分听取组织成员的意见，充分照顾组织成员的诉求，建立起既符合组织能力实际和成员能力实际，又符合未来发展要求的新结构，重新界定各岗位、各人员之间的关系，重新建立实现组织目标的新流程和新秩序，确保组织能够实现新目标、新成就，这样领导者才能得到组织成员的拥护，获得组织成员的信任。

第三，在具体任务的执行中，领导者要率先行动做榜样，用实际行动向组织成员证明，在实现组织愿景与目标的过程中没有人可以例外，每个人都是组织的一分子，都要做出相应的贡献。领导者不仅要"言传"，更要"身教"，领导者的身先士卒会给组织成员带来极大的鼓舞，让组织成员对愿景、对领导者无比信任。

第四，领导者在具体行动中还必须说到做到、雷厉风行、赏罚分明，把确立制度和规则的权威放在第一位，利用规则和制度快速有效地把组织成员凝聚在一起，形成合力，产生实现组织愿景与目标的强大力量，这样的行事风格才能赢得组织成员的信任。

第五，要做到前述大量工作，必然会产生很多冲突与矛盾，领导者只有很好地化解这些矛盾和冲突，才能赢得组织成员的信任。领导者要对冲突和矛盾有事前的估计，从整体上进行系统设计，冲突和矛盾越少，成员对领导者的信任就越高。因此，领导者的执行力能够对信任力产生促进作用，提高执行力有助于提高信任领导力。

（五）坚毅担当信任——坚毅领导力产生的信任力

坚毅力是领导力发挥作用的重要保障，很多组织在危难中没有取得最终的成功，跟领导者缺乏坚毅力有着直接关系。坚毅力能够对信任力产生影响。第一，当领导者对实现组织共同的愿景和梦想抱有坚定的信念时，无论遭遇怎样的质疑，都能用行动证明这份坚定的信念，用自身的行动体现对信念的执着坚守，这份坚定能赢得组织成员的信任。第二，一个情绪稳定的领导者能够给组织成员带来稳定的预期，不需要组织成员去猜测，可以降低组织成员对未来的不确定性，有利于促进组织成员对领导者的信任。第三，一个行动确定的领导者总是能够给组织成员以明确的行动方向和行动方式，能够通过当下明确的行动较为准确地判断可能产生的结果，这样的行动力和确定性能增加成员对领导者的信任。第四，领导者为了实现大家共同的愿望而坚持不懈，无论在什么情况下都不放弃对组织的承诺，不达目的绝不罢休，这份坚持同样会增加组织成员对领导者的信任。第五，在实现梦想的过程中，无论遭遇什么情况，无论外在环境发生怎样的变化，对于新情况、新问题，领导者都积极面对，勇于接受挑战，并把战胜挑战当作检验组织愿景的途径之一，坚持实践是检验真理的唯一标准，这份实事求是的作风一定能够赢得成员的信任。第六，领导者不仅坚持不懈，还能在出现问题和责任的时候勇于承担，自我反省，不推卸责任，把履行责任与完成使命作为自己前进的动力，这样的领导者自然能够赢得组织成员的信任。因此，领导者的坚毅力能够对信任力产生促进作用，提高坚毅力有助于提高信任领导力。

三、信任领导力的提升路径

信任领导力的提升不仅需要领导者提升个人德行和修养，更需要领导者提高在推动组织发展过程中展现出来的创造性，增加领导者与组织成员的互动，还需要领导者带领组织成员提升组织成就。

（一）提升德行修养

1. 提升自信

坚实的理论基础和众多研究支持一个观点，即当今的领导者与成员的自信是可以提高的。前面的论述已经提到自信是有领域之分的，在某一个领域的自信并不能直接迁移到另外一个领域，因此，不同领域的自信，其建立的难度是有区别的，这取决于各个具体领域挑战的难度。班杜拉和其他学者已经证明，自信可以通过熟练掌握与成功体验、替代学习/模仿、社会说服和积极反馈、心理和生理觉醒，以及健康等途径来开发。

一是通过熟练掌握与成功体验提升自信。"熟能生巧"，成功能树立信心。提升自信最可靠的方法是在某项任务的完成过程中反复体验成功。当然，成功并不能简单地等同于自信，因为这个转化结果还受到一个人对成功的认知的影响。比如，一个人把自己的成功解释为碰巧或者运气，或者完全是因为对手的明显失误而不是自己的努力，这样的成功就很难提升这个人的自信水平。成功有助于增强信心，这又能导致更高的绩效和更多的成功，并且使这种螺旋上升持续发生，但这并不意味着没有获得成功的人就不能建立自信。

有许多方法可以让领导者与组织成员产生熟练掌握某项能力的体验，并让他们的信心随时间而增强。例如，一个培训师或者教练可以把一项复杂的技能分解为若干简单的子技能，并且每次教给受训者一项子技能，受训者在小范围内能快速掌握这项技能并熟练运用，这使受训者能够快速体验到频繁的"小成功"，这样的体验和经历能提升受训者的信心。随着时间的推移，这些小技能、小任务逐步整合为更大更复杂的整体，受训者能够不断提升对更高难度任务的处理能力，信心也随之增强。另一种方法是为领导者和组织成员创造"他们能够熟练掌握"的经历，有意把他们放在成功可能性很大的情形中，这样他们就会拥有更多的机会来体验成功。这就是选拔、岗前培训、工作安排和职业规划如此重要的原因。组织应该尽可能为组织成员创造条件让他们成功，而不应该把他们放在一个不确定的环境中，到最后才发觉这样的环境并不适合他们。因此，为了使组织成员通过成功提高自信，组织应该给组织成员创造机会，让他们从事自己最擅长的事情。在培训时应该设立弹性的目标，并且创建风险较低、不容易分心的环境，这样的培训目标和环境会提高组织成员正确吸收和应用新知识、技能和能力的可能性。这样的培训能带来更多的成功机会，增强组织成员的自信。

二是通过替代学习/模仿来建立自信。在许多情境中，熟练掌握和成功体验的机会难以获得，或者环境超出了个体、群体甚至组织的控制。通过替代学习/模仿来观察他人成功和失败的经历，人们可以增强自己的信心。虽然在增强自信方面，直接体验比替代学习/模仿更有效，但是观察性的体验可以让个体认识他人的成功和失败并从中学习，有选择地模仿他们的成功行为。这种学习增加了观察者未来获得成功体验的机会。通过模仿来增强自信，要求模仿时的情境与榜样所处的情境具有尽可能多的相似之处，否则，必须根据情境差异对相关过程进行适当调整，并做好应变准备。成长中的领导者和组织成员与榜样角色之间的相似点越多，他们的自信越可能受到榜样角色的成功的影响。这意味着朋辈导师（peer-mentors）、自我管理团队甚至处于同一层次令你敬佩的同事或伙伴所传授的个人秘诀，比学识渊博但高不可攀的人员、专业培训师或有名的外部顾问进行的正式培训更加有效地增强自信。毕竟，同事往往被认为在背景、能力和职业目标上与自己更加相似。因此，观察受人尊敬的同事是如何开展工作的，感受他们的成功，能向受训的领导者或成员传达一种理念，即"如果他们能够做到，我也能做到"，进而提高他们的自信。在今天这种激烈变化和范式转移占主导的环境中，领导者及组织成员经常需要根据不充足的信息和不确定的可能性快速采取行动。在这种情况下，想象自己在一个特定情境中成功了，然后在头脑中排练自己在面对各种可能的变化时将会采取的行动，也可以增强自信。换句话说，可以用想象的体验来替代真实的学习和熟练掌握，即把想象中成功的自我当作假想情境中的角色榜样。很多情况下，包括在进行领导力和自信的开发时，需要鼓励个体把自己放在一个以前没有扮演过的角色中，通过为他们提供成功的角色榜样，提供积极反馈，鼓励他们运用反思从经验中学习，以增强他们的自信。

三是通过社会说服和积极反馈来建立自信。听到别人对自己的赞同（也就是对自己有信心）和对自己进步的积极反馈，人们会把自我怀疑转变为自信。换句话说，当一个人听到别人说"你能够做到"和"在第一步中，你做得非常好"时，这个人会开始相信"我能够做到"。20多年的实证研究有力地证明了这种影响，即根据情况运用积极反馈和社会认可能够提高一个人的绩效，这种影响有时甚至超过了金钱奖励和其他激励技巧所带来的影响。这些非金钱的积极强化物，如关注、认可和积极反馈，对绩效的影响是通过提高自信等心理状态实现的。领导者要善于运用这项数量无限且没有成本的资源，包括感谢、赏识、向组织成员提供积极反馈和认可等，它们不仅对期望组织成员表现出来的行为有强化作用，同时能帮助组织成员增强他们的自信。

四是通过心理和生理觉醒及健康提升自信。与成功体验、替代学习/模仿和社会说服/反馈相比，人们的情绪状态（或者说觉醒）和他们的心理、生理健康与自信的联系相对较弱。例如，积极的心理状态能够激发预先思考、观察、自我调节和自我反思等认知调整，支持个体自信的提升。身体健康与自信之间的关系同样如此。感觉舒服且有良好的健康状况对一个人的认知和情绪状态，包括对自信的信念和期望有积极影响。相反，疾病、疲劳及身体不适会产生消极影响。心理上和生理上的觉醒及健康对自信的正面影响不像其他因素的影响那么大，而消极影响对一个人的自信水平是一个巨大的打击。如果一个人在情绪或心理上处于消极状态，那么自信会急剧降低甚至变为零——直接放弃。尽管组织很难控制组织成员的情感、心理和生理健康，但至少可以在某些维度上通过组织干预进行调节。从现场锻炼和健康项目到全面的组织成员援助计划，乃至非正式的社交活动和聚会，组织可以通过多种方法帮助组织成员在充满压力的工作环境中弥补生理和心理上的损失。好的领导者通常是促进组织成员健康的榜样，他们不仅能够带来成功的结果，而且能带来更高的自信水平。

2. 提升乐观

乐观既是一种特质类的特征，也是一种状态类的特征，因而乐观是稳定的，也是可以开发的。在开发和提升乐观的过程中，有三种策略可以提升工作中的乐观状态，分别是包容过去、珍惜现在、寻找未来的机会。

包容过去并不代表推卸或逃避责任，而是一种尊重现实的技术，它以问题为导向来对待情境中可控的因素，并让人们从尽可能好的角度看待情境中那些不可控的因素。它可以指导领导者更好地设置目标，并使领导者通过准确地评估资源和能力，为自己和成员设置现实的、可行的目标。在开发和提升乐观的过程中，如果我们将情境视作一种具有高一致性、低连贯性和高独特性的事物，就可能形成外部归因。

珍惜现在是指无论在何种情况下，无论情况多么糟糕，都要看到积极的方面。当这些积极的方面可归因于自身的、持续的和普遍的因素时，更应如此。珍惜现在可以防止领导者产生"自己是一个失败者"的态度，这种态度很可能导致领导者没有动力去改变现状，并放弃努力。

寻找未来的机会是指如果领导者认识到自己和所在组织能够不断进步，就会更加珍惜现在，并着眼未来，尽可能抓住所有机会。领导者对成员的能力和弱点有更深入的了解之后，能够更积极主动地为自己及成员寻求机遇，谋求未来。对组织领导者而言，现实的、灵活的乐观是一种强有力的工具，它能够激励和鼓舞自己和成员接受挑战，不断提升现在与未来的绩效。

3. 提升有伦理的价值观

在今天这样一个务实的时代，领导者应选择正直、诚信、勇气、责任感等符合伦理的价值观指导组织运营过程，并按照社会责任制订行动方案，建立价值观内化的组织文化；把伦理行为、责任感内化为组织成员的价值标准，通过价值观指导和建立企业内外关系，在建立良好的企业形象的同时，彰显领导者个人价值观与个人形象，让组织成员感知并验证领导者的个人修养。

领导者要强化个人德行修养，把自己在组织中的命运与全体组织成员的命运紧紧联系在一起，把全体组织成员的利益和追求作为自己的利益和追求，努力做到与全体成员"同呼吸、共命运、心连心"。因此，领导者要做到以下三点：一是言必行，行必果。领导者对组织成员要做到一诺千金，做不到的不承诺，承诺的就一定要做到；能做到的事情就要"做到家""做得漂亮",做得无可挑剔。二是维持公平正义。领导者要做到"一碗水端平",不把私人恩怨带入工作中,更不因为一己之私实施打击报复。要倡导公平、公开、公正的做事风格,让公平正义成为组织决策的基本原则。三是勇担重任。领导者要在组织最需要的时候站出来,担负起带领组织克服困难的重任。

(二)提升知识思想信任力

领导者的知识思想所带来的信任力主要涉及三个方面,分别是认知力、学习力和专家力。

1．提升认知力

领导者的认知力来自认知自己、认知成员、认知组织、认知世界的能力,这种能力既代表对发展大势的判断,也代表对细节的洞察和敏感,还代表对未来发展规律的把握。领导者的判断力、洞察力、远见力越强,认知力越强,就越容易赢得组织成员的信任。领导者要不断拓展观察事物的广度、长度和深度,不仅要见多识广,还要能见微知著。领导者对世界发展趋势和事物发展规律的观察不能停留在表面,要透过现象看到本质,把握事物发展深层次的规律。这就要求领导者有宽广的眼界,要关心时事,积累政治、经济、社会、文化、技术等多领域的知识和信息,还要关心科学、艺术等多学科知识,在拥有丰富广博的知识的基础上有见地,能够用自己的逻辑对知识进行重构,形成自己的判断。只有在积累大量知识和信息的基础上,才能把握社会发展的规律,从观察到的现象中判断未来的趋势,对自己及组织成员的行为进行指导;才能引领组织顺应规律和人性,降低风险,少走弯路,提高组织效率,实现组织成就。

2．提升学习力

学习力包括学习新知识的能力和速度,即知道如何着手,如何更加有效率地学习并获得新知识,以快速地提升自己。领导者的学习能力越强,学习效率就越高。首先是有目的地学习,明确自己的需求,知道自己最需要学习的领域和应该达到的水平,带着这样的目的可以有效提高学习效率。其次要找到适合自己的学习方式。有人适合向榜样学习,有人适合向历史学习,有人适合向自己学习,有人喜欢在与人交流中学习,有人习惯从书本中寻找答案，有人擅长从自然中获得启示，还有人总是在实践中领悟。总之，每个人要找到适合自己的学习方式。当然，不同的领域可能有不同的学习方式或者多种学习方式的组合。

3. 提升专家力

专家力包括用知识解决问题的能力，通常表现为某方面的专家能力。领导者构建起属于自己的知识体系以后，要真正运用知识解决问题，对问题所处的环境有深刻的认知和理解，对应用知识应具备的条件有深刻的把握，要对问题产生的根源、解决问题需要的知识与能力、知识能力的应用条件、解决问题的步骤与时机等问题做出开放性思考、总体性判断和系统性实施。

（三）提升想象创造信任力

领导者的想象创造力所带来的信任力主要涉及三个方面，分别是设计力、整合力、连接力。

1. 提升设计力

设计力代表对组织未来方向、愿景的创造和设计能力。领导者需要在充分把握组织成员价值观、群体心理状态的前提下，对未来愿景进行创造性的设计，使愿景与组织成员内心的期盼和向往紧密契合。领导者设计愿景的能力越强，创造力越强。设计力是一种战略能力，要求设计的组织愿景不仅符合组织成员的期盼，更要具有可实现性。这就要求领导者不仅对组织成员共同的梦想有深刻的理解，还要通过设计实现梦想的路径，让组织成员觉得可信，从而发自内心地认同这一愿景。从组织成员的需求来看，根据马斯洛需求层次理论，组织成员的期盼（需求）可以归纳为三个方面，即安全需求、归属需求和成长需求。安全需求表达的是组织成员的物质生活需要，归属需求表达的是组织成员的社会心理需要，而成长需求则表达了组织成员个人成长的需要。领导者在设计组织愿景时，必须在这三个方面对组织成员产生足够的吸引力。实现愿景时，在物质生活层面达到什么样的水平，在组织群体与个体关系层面构建一种什么样的心理属性，在实现个人成长方面达到一种什么样的状态，领导者要给予全体成员足够的想象空间。另外，领导者还必须描绘出实现这一愿景的可能性。比如组织所站的历史起点，实现愿景的能力，具备的核心资源，面临的外部机遇等，做到所设计的愿景与成员内心期盼相契合。

2. 提升整合力

整合力即通过对现有资源进行重新整合迸发出新能量及通过创造新组合方式发现要素新价值的能力。领导者这种对组织资源进行组合的能力，其本质就是创新力。提高整合力首先要充分、全面、深刻地认识各种资源的价值属性，只有在全面把握这些资源属性的基础上，才能通过整合创造新价值，找到实现愿景的新路径；其次要具备运用资源价值的新视角，善于从不同的视角发现已有资源的新价值，善于改变工作方式以激发资源的新价值，这样不仅能更好地发挥现有资源的价值，也能进一步增强组织成员的信心。

3. 提升连接力

连接力代表在对各种因素变化保持敏感的基础上，善于用恰当的方式把这些变化与组织现实连接在一起，确立新视角，发现新问题，找到新方法。领导者的创造力越强，这种连接力就越强，就越容易赢得组织成员的信任。提升连接力要求领导者找到资源之间、要素之间的潜在联系，具有跨界思维，善于比较不同领域的资源运用方式，并借鉴其他领域的资源组合方式，促进资源在不同行业、不同领域之间的交换和流动，要特别注重不同类别、不同岗位、不同年龄、不同文化、不同专业的人才交流，从不同思维方式中寻找连接和共享的可能，从而寻找新突破。

（四）提升沟通激发信任力

领导者的沟通激发力所带来的信任力主要涉及三个方面，分别是沟通力、情绪力、成长转化力。

1. 提升沟通力

沟通力是指领导者与成员在互动过程中有效沟通的能力，即在领导者与成员之间实现信息的准确传递，并理解信息对自己的真正含义。激发力越强，有效沟通力越强，越容易赢得组织成员的信任。沟通是提升信任的关键环节，信息越透明，沟通越有效，信任就越容易建立。领导者要提高沟通力，一是要真诚。真诚是有效沟通最基本的要求，真诚意味着客观地描述事实，准确地传达自己的意图，尽可能地避免固守成见。沟通是传递信息、消除误会、还原真相的最佳途径，领导者和组织成员都要用真诚的态度对待对方，尽可能在具有充足信息的基础上，让双方做出合理判断，而不是带着某种目的对信息进行处理，甚至有意误导对方。二是要善于倾听。领导者在与组织成员沟通的过程中，要充分理解对方提供信息的真实意图，全面、完整、细致地对沟通内容进行综合判断，听出对方的"意"，而不仅仅是"言"。听得越多，掌握的信息就越多，理解的"意"的内涵就越完整，做出的判断就越准确。三是要包容。领导者在沟通中就算听到、感知到跟自己观点不符的想法，也不要急于下结论，要包容不一样的观点，对持有不同观点的人给予同样的尊重，采用求同存异的平和心态找出差异的原因再做判断。这种包容和尊重不仅是一种沟通技巧，更是一种沟通氛围，能够促使组织成员大胆地把各种观点讲出来，帮助领导者获得更加全面的信息，做出更为客观的判断。

2. 提升情绪力

情绪力是指在互动过程中领导者影响成员情绪并与之产生共鸣的程度。激发力越强，情绪共鸣度越高，领导者就越容易赢得组织成员的信任。一方面是提高情绪管理能力。要做得情绪管理很难，有研究表明，人对事物的判断的产生过程，先经过直觉，其次是情绪，最后才是理性，也就是说，情绪判断在理性判断之前，人的判断必定受情绪的影响。因此，提高人的情绪管理能力有助于提高判断力。而要提高情绪管理能力，首先要提高情绪知觉，即知道自己当前的情绪，再判断这种情绪与当前的情境是否相符，从而做出调整。其次是情绪调整，就是在情绪知觉的基础上，用理性思维来判断当前形势下自己应该具有的情绪，不至于让自己"失态"。这样的情绪调整通常建立在很强的情绪知觉的前提下，如果一个人不能很好地感知自己的情绪，就很难进行情绪控制，更不用说调整了。另一方面是提高共情的能力，就是感知对方情绪状态的能力。这种能力要求领导者善于从对方的角度出发，根据对方成长的经历和具有的价值观对事物做出判断，同时根据自己的类似经历和情感状态体会对方的情绪体验，这类似于我们通常说的"知音"。也许用文字表达这样的过程让人感觉有点复杂，但事实上，很多领导者都具有很强的情绪感知能力和共情力，能够轻松感知沟通对象的情绪，并找到与对方在情绪上的共同点，由此产生情绪共鸣。基于情绪共鸣赢得信任，往往比通过理性判断获得信任更快且更容易，但理性信任可能更持久。

3. 提升成长转化力

提升大学生成长转化力的关键在于找出组织成员迫切需要提升的能力领域，找到组织愿景与组织成员成长之间的必然联系，确定组织成员具备成长的基础，提供恰当的成长机会和路径，让组织成员认可自己，认可领导者，认可组织。

（五）提升执行成就信任力

领导者的执行成就力所带来的信任力主要涉及三个方面，分别是建构力、榜样力、协调力。

1. 提升建构力

建构力是指领导者将愿景与目标转化为执行体系与执行结构，确保愿景和目标在体系化、结构化的执行系统中顺利实现的能力。建构力越强，执行力越强，就越容易赢得组织成员的信任。提升建构力，首先，领导者需要创建一种新结构、新体系、新制度。通过稳定的秩序使实现组织愿景的行动相互关联，这种秩序不仅能够相互支持，确保所有组织成员的努力凝聚为一股合力，推动组织不断前进，而且能够相互制约，使偏离组织前进方向的力量回到既定轨道，保证组织目标顺利实现。其次，建构的秩序和结构要与组织愿景相匹配。领导者要在愿景和结构之间找到必然的逻辑和连接，从组织运行的各个方面思考组织愿景的执行，一般包括建构统一的核心价值观、战略目标、制度、组织结构、执行队伍、领导风格、技能等，要把这些因素有机地整合在一起，形成一个整体。最后，要准确把握外部环境的发展变化。任何执行都是建立在具体环境的基础上，而环境最大的特点就是变化。因此，把握变化趋势和规律，提前布局，未雨绸缪，是创造性执行必不可少的条件。一个整合的建构体系能够极大地强化组织成员实现组织愿景与目标的信心，增强组织成员对组织、领导者及自己的信任。

2. 提升榜样力

榜样力是将自身融入已经建构的系统中，以身作则，率先垂范，以充沛的精力实现愿景与目标的行动力。榜样力越强，执行力越强，就越容易赢得组织成员的信任。领导者不仅要善于言谈，激发大家行动的动力，更要善于做，用行动向组织成员证明自己在实现共同目标上的努力。领导者的行动比语言更能激发组织成员的信任。

3. 提升协调力

协调力是指领导者说到做到，雷厉风行，善于化解冲突与矛盾，确保团队成员高效率地实现组织目标与任务。领导者的协调力建立在全体成员具有共同的愿景与目标的基础上，只有消除组织成员之间的误解，增进组织成员的情感沟通，找出大家共同的利益点，才能推动组织成员更好地相互信任与合作。

（六）提升坚毅担当信任力

领导者的坚毅力所带来的信任力主要涉及三个方面，分别是抗干扰能力、承受力、担当力。

1. 提升抗干扰能力

抗干扰能力是指领导者具有思想、情绪与行动的稳定性，不会轻易受到外界干扰，也不会轻易改变，会给团队以稳定预期。抗干扰能力越强，坚毅力越强。领导者在思想、情绪和行动中表现出来的相对稳定性基于对愿景、目标、责任的准确界定，组织未来发展的方向越明确，组织要实现的梦想就越清晰，领导者的自信心就越强，抗干扰能力也就越强。领导者对组织所拥有的资源和能力越清楚，就越能够对组织有更加清晰的认识，抗干扰能力就越强。领导者对干扰信息越具有分辨能力，抗干扰能力就越强。

2. 提升承受力

提高领导者的承受力，首先要提高领导者个人的韧性和抗挫折能力，提高领导者从外部打击中恢复信心的能力。领导者韧性越强，抗挫折能力越强，就越能赢得组织成员的信任。其次，提高领导者对实现组织愿景的坚定信念，并将这种信念传递给组织成员。领导者要充分认识到实现组织愿景的重大意义和价值，并带动组织成员产生同样的认识。领导者对实现组织愿景要有使命感和自豪感，并把这种使命感和自豪感融入其日常行动及全体成员的思想中。

3. 提升担当力

担当力包括有胆识、勇于承担责任、敢做敢当。越有担当，越敢于担责，越容易赢得组织成员的信任。领导者要把实现组织成就作为自己的责任，不仅要在组织成员迷茫的时候带领成员找到方向，更要在组织遇到困难和压力的时候勇敢地站出来，担负起组织重担，为成员减轻压力，争取时间和机会，为保护集体利益、实现愿景起到"定海神针"的作用。

第三节　当代大学生创新领导力培养

一、创新领导力的构成要素

从领导力视角来看，创新对引领组织发展、带动成员成长、实现组织成就起着至关重要的作用。

创新领导力包括想象力、原创力、整合力、连接力、创建愿景、开放思维。它有三个方面的内涵：一是创新潜力，包括想象力、开放思维等。在充分把握组织成员价值观、群体心理状态的前提下，创造性地对未来愿景和梦想进行加工，使之与组织成员内心的期盼和向往紧密契合，是产生创新领导力的重要源泉。离开这类能力，创新就是无源之水、无本之木。二是创造力，如原创力、创建愿景等，它是由全新的构思、创作的灵感、独特的模式构成的。三是组合力，如整合力、连接力等，是通过对现有资源进行重新整合迸发出新能量、通过创造新组合方式发现要素新价值的能力，是用恰当的方式把各种因素的变化与组织现实连接在一起，建立新视角、界定新问题、找到新方法的能力。

（一）想象力

想象力是在已有形象的基础上，在头脑中产生一个念头、一幅画面或一个新形象的能力。想象力是人类创新的源泉，它可以将人带入一个虚拟世界，实现现实生活中不可能实现的梦想。想象力可以使人享受快乐、享受惊奇、享受自由，享受现实生活中少有的感受。想象力是人类比其他物种优秀的根本原因之一，因为有想象力，才能创造发明，发现新的定理。如果没有想象力，人类将不会有任何发展与进步。爱因斯坦之所以能提出相对论，就是因为他能经常保持儿童般的想象力；牛顿能基于苹果落地而提出万有引力这一个科学的重大发现，也是因为丰富的想象力。组织愿景说到底就是组织全体成员共同想象的结果。愿景是一个具有召唤力的目标，描绘的是未来的状态，它可能在现实中不曾存在过。有了愿景，领导者就可以在现实和未来之间架起桥梁。在创建组织愿景之初，无论领导者还是组织成员，最需要的都是对组织愿景的想象。想象代表的是人心中最美好的期盼和向往，与现实既有区别又有联系；既立足现实，有可实现性，又有对现状的升华，不是现状的简单堆砌。因此，想象力越强，创新力越强。

（二）原创力

原创是对既定参照物的怀疑与否定，是模仿与抄袭的反义词，是基于自身灵感独立完成的创作。原创力就是一个人或一个团队基于自身独特优势和灵感独立完成创造性任务的能力。原创力是创新力中最具创造性，也是最具考验性的部分。它实现的是从无到有、从0到1的创造性转化，能够为整个组织创造新思想、新领域、新境界，是推动组织和个人不断成长的根本力量。原创力对领导者创建组织愿景具有至关重要的意义，因为愿景的创建不仅需要想象，还需要创造一种从现实走向愿景的逻辑。如果缺乏这套强有力的逻辑，组织成员对愿景的想象就很难转化为信任，愿景对组织成员的吸引力也就无从谈起。而创造这种逻辑正是领导者的责任，领导者只有充分理解愿景对整个组织的意义，并且拥有对组织资源与能力的深刻认知，以及对外部环境发展趋势的预测与把握，才能运用自己及组织的智慧，创造性地拟定组织未来的发展路径和发展逻辑，找到一条最适合组织实际的发展之路。因此，原创力越强，创新力越强。

（三）整合力

相对于原创力而言，整合力不强调一切都靠自己独立完成，而是强调对别人智慧、其他资源价值的整合。这种整合不是简单的堆砌，也不是简单的罗列，而是用某种新秩序、新关系对资源、智慧、能力进行整合。或者说，领导者要打乱现有资源的组合方式，构建一种资源之间的新秩序、新关系，从而构建这些资源、智慧、能力的新用途、新价值。这种整合力带来的创新往往比原创力带来的创新要多得多。因为在不同秩序、不同关系的新组合中，资源、能力之间往往会产生出人意料的变化。这也是在组织经营管理中使用最多的创新方式。因此，整合力越强，创新力越强。

（四）连接力

连接代表的是一种资源、信息之间更加弱化（与整合力相比）的秩序与关系，连接力代表在资源与信息之间发现和建立某种特定联系、秩序和关系的能力。在信息发达的今天，海量的信息充斥着整个社会，领导者需要在纷繁复杂的数据和信息中发现彼此的关联，找到它们之间的相互联系，建立内在的逻辑，并从这些关联、联系和逻辑中找到创新的灵感和机会。连接力产生的基础是宽广的视野及跨界思维，能够打破现有行业、职业的界限，把不同领域的知识和信息连接起来，让信息之间产生融合与迭代，从而产生新信息、新知识、新机会。因此，连接力越强，创新力越强。

（五）创建愿景

愿景就是领导者和全体组织成员共同的愿望、目标、期盼和梦想。愿景能够在未来更长远的时间维度、突破当下现实束缚的目标高度，以及超越所有人个体私利的共赢维度，对组织中所有人产生一种无法抗拒的吸引力和激发力。从这个角度看，愿景是超越领导者与组织成员当前利益、激发所有人奋斗的源泉。因此，愿景是领导力作用过程中无可替代的核心。它让组织中所有人把专注力统一到一个共同的目标上，把努力汇集到一个焦点上，是组织上下齐心、凝心聚力进而产生强大推动力的核心和关键。

创建愿景就是一个把各种各样的途径、信号、预测和方案拼成一个简单明了、鼓舞人心、清晰明确的未来愿景的过程。创建共同愿景，可以帮助个人辨识哪些事物有利于组织，哪些不利于组织，哪些事情是值得做的，最重要的是，能够把决策工作广泛地分散开来。对于一些相关较难的问题，组织成员可以独立解决，因为他们知道组织需要怎样的最终结果。因此，共同的未来愿景可以塑造、指导并协调组织中所有人的行为。

（六）开放思维

开放思维代表的是一种思考方式，是通过思考建立信息与资源之间连接与关系的过程。开放思维强调领导者在思考问题、整合资源、连接信息等过程中摒弃封闭思维、放下固有模式、抛开传统陈见，用一种探索、开放、发现的思维模式找出资源、信息之间本来存在的规律与逻辑。正是这种对客观规律、秩序与逻辑的尊重与探索，使领导者更容易看到事物发展的规律，能够更好地实现创新。因此，越具有开放思维，创新力越强。

二、影响创新领导力的主要因素

愿景所描绘的组织的未来形象必须具有现实性、可信性，能够吸引人，在某些重要方面优于当前的情况。愿景是一个具有感召力的目标。通过愿景引起成员注意，这本身就是一个创新焦点。领导者创建的愿景与目标要有说服力，能把其他人吸引过来。领导者为实现愿景所做的努力加上投入，能产生巨大的磁力，必然引来其他人加入。好的愿景本身是会"抓"人的，首先抓住的就是领导者，随后引起更多人的关注，使其他人也加入。

在领导力作用过程中，愿景是领导者和组织成员之间有效互动的核心。领导者与组织成员的自信、他信和互信直接影响共同愿景的创建过程及愿景的有效性；领导者和组织成员对内外情境的认知力决定了组织创新力和愿景的准确性；领导者和组织成员之间的互动直接影响创新过程能否实现；组织的执行力决定了愿景的实现程度；坚毅力则决定着领导者能否带领组织实现持续创新。因此，影响创新领导力的因素包括信任创新、认知创新、激发创新、行动创新、持续创新等。

（一）信任创新——信任领导力产生的创新力

第一，领导者越自信和乐观，就越愿意带领团队开辟新领域，尝试新方法，寻找新路径。自信和乐观的领导者有更加强烈的愿望开展创新，能找到更多的方法和路径实现创新，就算遇到困难，也相信自己能够找到解决办法。他不怕困难，认为遇到困难是正常的，一定能够找到解决办法，而寻找和尝试办法的过程恰恰就是创新的过程。因此，自信的领导者更容易实现创新。

第二，领导者越是诚信、正直，组织成员就越愿意跟随领导者进入新领域，尝试新方法，探索新路径，从而越有机会实现创新。领导者和组织成员之间互信程度越高，领导者对组织成员在创新过程中的行为与结果的包容性就越大，组织成员就越愿意放开手脚做新的尝试，创新成功的概率就越高。

第三，领导者和组织成员的勇气和责任感越高，越能够大胆探索，减少顾虑，排除干扰，把注意力集中到创新领域，促进创新。因此，领导者的信任力能够对创新力产生直接的促进作用，提高信任力有助于提高创新领导力。

（二）认知创新——认知领导力产生的创新力

从认知力维度来看，领导者可以通过判断力、洞察力、远见力、学习力、专家力、系统思考等认知能力对组织成员产生影响，促进创新领导力的提升。

第一，领导者通过带领组织成员建立创新认知，充分认识到创新对促进组织发展、实现组织愿景的重要性，充分认识到创新是推动组织不断前进的根本力量。对创新的地位和作用有了准确的判断，才能从意识层面重视创新发展，把创新作为提高组织竞争力的重要内容。领导者对组织成员、组织情境、外部环境的准确判断，是创建组织愿景的起点。

第二，领导者通过洞察组织发展机会促进创新。在组织发展过程中，很多创新机会来自日常细节和具体环节，很多变化最开始表现出来的迹象往往不容易被察觉，而领导者凭借高度敏感的洞察，能够及时发现各种变化给组织带来的影响，应对变化，适应规律，推动创新。组织成员对未来的认知水平、对发展愿望的洞察，直接影响组织愿景的创建。

第三，随着相互学习、向实践学习的能力不断提高，领导者和组织成员对组织运营与发展中的问题的认知会不断深化，更容易通过解决问题实现创新。领导者通过分析找出产生问题的根本原因，找出符合组织实际的措施与对策，这一分析问题、解决问题的过程本身就是创新的过程。

第四，远见力使领导者能够更好地预测内外环境的未来变化趋势，有利于领导者从未来角度认知现状，提高愿景的科学性、合理性、合情性，从而促进组织创新。因此，领导者的认知力能够对创新力产生促进作用，提高认知力有助于提高创新领导力。

（三）激发创新——激发领导力产生的创新力

创新是组织实现目标的动力，但是它需要原动力。我们知道，创新就是打破现有的组合方式，建立新秩序、新关系，但这个过程并不容易，它不仅需要所有成员充分发挥想象力，调动灵感，更需要全体成员主动思考，主动作为，而激发力正是激发成员主动性的关键。领导者与成员之间的互动沟通能够赋予创新更丰富的意义，促进成员主动创新。领导者通过激发成员的内在驱动力，可以将实现个人梦想与实现组织愿景有机融合，把个人的小梦想放进组织的大梦想中，把实现自身成长、实现自我超越、创造自我价值与实现组织愿景紧密结合在一起，促进自主创新行为的产生。领导者与组织成员之间的互动沟通有利于实现相互激发，这种相互激发是产生灵感、创新、想象的最佳途径。当组织成员的创新热情得到激发、创新动力得到释放时，创新会成为组织成员自身的需要，组织成员会感受到投入创新是一种自豪与荣耀。因此，领导者的激发力能够对创新力产生促进作用，提高激发力有助于提高创新领导力。

（四）行动创新——执行领导力产生的创新力

第一，通过创建体系、调整结构推动创新。创建体系、调整结构的过程，就是从组织愿景到组织成就的创造性转化、创新性转换的过程，在这个过程中，行动与创新相互促进，有行动才有创新，创新是行动的结果。实现组织愿景，需要用实际行动把目标转化为成就，离开了行动，一切都是纸上谈兵，成就也就无法产生。第二，通过协调行动、解决问题促进创新。协调行动的过程是化解冲突、解决问题、汇聚力量的过程，有利于不同角色、不同职能之间相互协作，推动新秩序建立，形成新关系，有利于领导者更有效地实现资源配置。找到愿景与现实成就之间的差距是执行中的重要任务，行动中出现的这些差距对创新提出了新要求，也为创新提供了新任务。在这些要求和任务的引领下，组织创新不会偏离方向，而是更有针对性和现实意义。因此，解决协调行动过程中职能、成员、效率与质量之间的各类冲突和矛盾，能够有效促进创新。第三，通过以身作则、雷厉风行示范创新。领导者以身作则、雷厉风行地推动创新，将发挥示范带动作用，形成全组织范围的创新氛围，让创新成为组织成员的行为习惯。因此，领导者的执行力能够对创新力产生促进作用，提高执行力有助于提高创新领导力。

（五）持续创新——坚毅领导力产生的创新力

创新不仅需要想象力、创造力，还需要克服困难的勇气及坚韧不拔、顽强拼搏的精神。任何创新都不是容易的，都会遇到无数挑战和挫折，只有不畏艰险、勇于攀登、百折不挠的人才能获得创新成就。因此，坚毅力是促进创新的重要能力之一。第一，通过坚定的信念促进创新。只有对愿景持有坚定信念的人，才会为实现愿景不断努力，不断尝试新方法、新路径。只有拥有这种不轻易放弃的理念，创新才会在无数次失败和打击中迎来转机。历史上无数创新都经历了这样的过程，很多人在最接近成功的时候放弃了，最后与创新擦肩而过。第二，通过接受挑战与质疑发现创新机会。领导者在接受挑战和质疑的过程中，更容易发现存在的不足和可能的机会，创新机会往往隐藏在各种各样的挑战和矛盾中，在接受挑战并不断超越自我的过程中，一定会迎来蜕变和飞跃，从而把创新机会转化为创新成就。第三，通过勇于担当责任推动创新。领导者勇于担当，不仅体现为对创新尝试的鼓励和对创新失败的包容，更体现为对组织成员的信心和关爱。当组织成员真切地感受到领导者对创新的包容，创新意识、创新建议、创新行为、创新成就必然成为所有组织成员的主动选择，从而推动组织实现持续创新。因此，领导者的坚毅力能够对创新力产生促进作用，提高坚毅力有助于提高创新领导力。

三、创新领导力的提升路径

创新领导力的提升不仅需要提升领导者的想象力、原创力、整合力、连接力、创建愿景的能力、开放思维，更需要提高领导者对组织成员、组织情境、外部环境等诸多因素的整体把握。领导者通过对全体组织成员共同期盼的认知和把握，综合组织内部相互信任状况、成员主动性、相互协作状况、持续努力状况等，可以找到建立信任包容创新、认知引领创新、激发促进创新、行动推动创新、坚毅持续创新的创新领导力提升路径。

（一）提升创新领导力

1. 提升想象力

领导者提升想象力要注意积累渊博的学识和丰富的经验。想象是对已有的知识、表象和经验进行改造，重新组合，创造新形象。头脑中储存的表象、经验和知识越多，就越容易产生想象。一个孤陋寡闻的人是很难经常产生奇思妙想的。领导者在日常生活中要注重提高在音乐、美术等艺术领域的修养和鉴赏能力，因为艺术是最具创造力的领域，也是最能激发一个人想象力的领域。领导者要善于把不同种类的表象重新组合以形成新的形象；要善于把同类若干对象中最具代表性的特征分析出来，整合成新的对象；要善于抓住不同事物之间的相似性进行想象。想象可以通过比喻的途径来完成，关键在于发现不同事物之间的相似性。要善于把适合某一范围的性质扩展到整个范围。想象也可以通过夸张的途径来完成，关键在于用具体的部分去代表未知的整体，从而使整体具体化。

2. 提升原创力

提升领导者的原创力主要是提升领导者在组织愿景设计方面的原创力。领导者要有主见，对组织愿景的设计要体现自己对未来愿景的想象力和创造性。领导者要善于向组织成员描绘未来的愿景，每个成员可以从这样的愿景中得到什么，变化能够为组织成员带来哪些直接和间接的价值与利益。领导者的这种创造性绝不是对其他组织的模仿，而是在对组织成员内心需求和事物发展客观规律深刻理解的基础上提出解决方案。只有当领导者对愿景深信不疑，对自身知识、经验与能力有足够的信心，对实现的路径进行科学的论证时，才会真正形成这种主见。另外，领导者要培养问题思维，坚持问题导向。问题思维就是把问题作为创新的切入点。问题思维意味着能够对问题的轻重缓急、大小多少等快速甄别，在不同的问题之间找到联系，发现内在逻辑，从而找到问题的本质，这个过程往往只有通过自己的努力才能完成。独特的问题视角、独特的问题分析过程、独特的问题解决措施，必然要求阐述独特的观点和见解。坚持问题导向是提升领导者创建愿景的能力的必由之路，问题就是需求，问题就是痛点，问题就是方向，抓住问题就抓住了组织发展中需要完善、改进的重点，对问题根源进行剖析才能发现问题的本质，进而找到解决问题的方案。

3. 提升整合力

领导者的整合力包括三个方面的内涵：一是对即将整合的各种资源的价值有较为准确的判断；二是与各种资源之间建立特定联系，这种联系足以实现对资源的调度；三是能够通过资源整合产生新价值。首先，领导者要提高对各种资源价值的识别能力，即领导者不仅要见多识广，在日常工作与生活中练就"火眼金睛"，对各类资源的特性及资源的应用场景有较为充分的认识，还要对资源的应用条件有较准确的判断，对各种资源本身所具有的变化规律有深刻的理解，这些是领导者整合资源的重要基础。其次，领导者要实现对资源的整合，必须能够对资源进行调度，这就要求领导者与资源之间建立起足够密切的联系。领导者必须注重与资源的联系，这种联系包括利益相关、情感互动、思想认同等。最后，领导者要善于识别各种资源存在的供需关系，不仅能够识别资源与资源之间的供需关系，而且能够识别资源内部各要素之间的供需关系，从而在众多关系中找到资源之间的逻辑联系，建立资源之间的新秩序，为更大限度地发挥资源效用提供机会，通过对资源的重新配置创造更大的价值，从而实现资源的多赢。

4. 提升连接力

连接力的提升方式类似于整合力，只是资源之间的关系强度更弱一些。连接力对领导者来说涉及面更广，但力度不如整合力那么强。在网络时代，只要能够通过网络与需要的信息或资源及时连接就可以了，因此，领导者没有太多的资源整合负担。与整合力相比，领导者更容易处理这类未来可连接的资源或信息，不需要刻意地建立某种关系，而只需要了解其基本特性，以及与之发生联系的方式。如果把整合力理解为阅读中的"精读"，那么连接力可以理解为"泛读"。

5. 提升创建愿景的能力

创建愿景是领导者对组织发展方向的选择。领导者要有预见性，这样才能判断出愿景与组织所处的环境能否很好地匹配。同时他们要有前瞻意识，使愿景不会与组织传统发生冲突。他们还要具有全局性眼光，以解读发展趋势的影响，他们的眼光要有深度，看待全局时关注细节和正确的角度，同时要眼观六路，掌握竞争对手和其他关系人对组织新方向的反应。他们还要随着环境的改变不断审视过去构建的各种愿景。在决策时，领导者必须考虑适当的时间范围和愿景的简单或复杂程度，必须考虑愿景在多大程度上是过去的延续，多大程度上是彻底的改变，现实性和可行性如何，可能对组织产生怎样的冲击。

对新愿景展开系统的探索可以分为四个阶段：一是愿景审查，即研究组织的特性，包括当前的使命、战略和价值观；二是范围框定，即就新愿景应具有哪些特点做出决定；三是承继探讨，即探索对新愿景的形成具有影响的趋势和发展过程；四是愿景选择，即列出各种备选的愿景并进行评估，最终选出一个最理想的愿景。这四个阶段的探索可以帮助领导者提高愿景的科学性和合理性。

6. 提升开放思维

领导者的开放思维可以理解为领导者具有开放、包容的心态，以及尊重、接纳的思维形式。领导者要把自己当作一个承载各类信息的平台，无论什么信息，都要用积极的态度去对待，用海纳百川的心态去包容，尽量避免用自己固有的思维对这些信息下结论，从而发现、尊重这些信息背后的规律和原则。当领导者做到这一点后，大量信息的汇聚与演化必然带来新知识的不断产生，而创新、创造就会成为必然。

（二）提升信任创新力

领导者的信任力所带来的创新力主要涉及三个方面，分别是建立积极的自信尝试创新、建立正面的感召引领创新和建立全面的互信包容创新。

1. 建立积极的自信尝试创新

领导者的自信创新主要表现为相信自己能够创建一个最能体现全体组织成员共同期盼的愿景，成员的自信创新表现为相信自己能够和领导者及其他成员一道创造性地实现组织愿景。这种自信能够帮助领导者和组织成员在创建和实现愿景的过程中不断尝试新方法，更好地推动组织整体创新能力的提升。

领导者要鼓励组织成员在工作中积极尝试，在正式确定一个任务目标或者使用一种新方法之前，抛开一切包袱和束缚，放手去试，就算不成功也没有关系，因为我们从一开始就知道这只是尝试。但是一旦成功，我们就会建立起极大的信心，这类成功的经历越多，我们对自己的信心就会越强。因此，保持这样的尝试心态对一个人自信所产生的正面强化作用会随着时间的推移不断提高。信心越强，创新能力就越强。

2. 建立正面的感召引领创新

领导者要树立诚信、正直、勇气、责任感的正面形象，通过这些正面形象赢得组织成员的信任，让组织成员愿意跟随领导者尝试新方法、探索新领域，进而促进组织创新力的提升。领导者个人修养的提升直接影响其在组织成员心目中的形象和地位，以及组织成员参与创新的积极性和工作投入度。领导者在传递这些正面形象的时候，还要营造正面的组织氛围。缺乏组织氛围的烘托，领导者极有可能被认为在"作秀"，这样就得不偿失了。领导者的这些正面形象不是"造"出来的，而是真实的体现，只有真实才会持久，只有持久才会让人信任，只有信任才会产生感召力，才能发挥作用。

3. 建立全面的互信包容创新

领导者发挥影响力的核心是与组织成员建立全面互信。这种互信程度决定了领导者和组织成员相互包容创新失败的弹性，互信程度越高，相互包容创新失败的弹性则越大。领导者对组织成员的信任程度越高，领导者就越愿意向组织成员授权，给予组织成员更多的创新机会，包容组织成员更多的创新失败，激励组织成员不断努力创新。另外，组织成员对领导者的信任程度越高，组织成员就越没有后顾之忧，越愿意大胆参与创新。

在构建领导者与组织成员之间互信的过程中，领导者要做到：首先，充分相信和尊重组织成员。领导者要相信组织成员具有创新的能力，并且相信在自己的带动和组织氛围的影响下，组织成员有创新的意愿和能力。所有成员一起努力创新不仅是组织的愿望，更是每个成员实现自己梦想的一部分。其次，领导者要善于向组织成员授权，为组织成员创新提供相应的机会，为有创新意愿的组织成员提供创新的平台，从政策、态度和行为等多方面向组织成员证明领导者对组织成员的创新行为和创新成就是积极支持的，且这一支持是持续的。领导者要鼓励组织成员参与创新，促进组织成员能力提升和成长。领导者要把创新过程看作提升组织成员能力的重要环节，把创新成就看作组织在人才培养方面的产出，能够推动组织形成创新链，提高组织内部人才培养与创新成果之间持续循环的正强化效应。

（三）提升认知创新力

领导者的认知力所带来的创新力主要涉及三个方面，分别是知识思想创新、学习创新、系统分析创新。

1. 发挥知识思想创新

知识和思想是实现创新的源泉。知识和思想本身就是一个人在思维层面的创新结果，运用知识和思想分析问题、解决问题同样是创新的结果。从前面的论述中我们知道，知识分为显性知识和隐性知识，这两种类型的知识互相转化的过程就是创新过程。从显性知识转化为隐性知识的过程，是一个人实现知识内化、形成能力的过程，是一个人把普遍性的理论知识与具体实际情况相结合，创造性地解决现实问题的过程；把隐性知识转化为显性知识的过程，是把无法用语言文字描述的诀窍转化为能够用语言文字进行描述的"知化"过程。"知化"的过程就是一个揭示普遍规律、发现真理的过程，运用这一"知化"的结论，可以帮助我们更加深刻地在更大范围内创造新价值。要实现显性知识到隐性知识的转化，领导者必须注重理论联系实际，多到实地体验生活，深刻理解现实的特点，反复练习，实现知识"内化"。要实现隐性知识向显性知识的转化，领导者要善于总结和凝练，对隐性知识的诀窍反复体会、不断总结，同时还要不断提高理论修养，提升总结分析能力和抽象提炼能力，实现隐性知识的"知化"。

2. 促进学习创新

持续学习是形成知识思想、实现创新的一个途径。历史上对学习的需求从未像今天这样迫切，技术的日新月异促使几乎所有领域快速变化，而且这种变化呈现出加速的趋势。领导者只有通过不断学习才能跟上时代的发展，其中加强技术学习和跨界学习尤为重要。在移动互联网、人工智能、物联网等技术飞速发展的今天，领导者要了解新技术可能给组织发展带来的影响，认识到这些技术可能带来的颠覆式创新不是过去思维的自然延伸，而是一种突变式发展。只有了解新技术发展带来的变化，领导者才能更好地对未来组织愿景进行设计，才能与年轻一代保持思想、理念、价值观上的统一，才能创建共同的愿景。同时，领导者还要学会跨界学习。在万物互联的技术背景下，各个行业、职业、组织之间的边界正在被打破，新的领域正在形成，人类社会正在经历由信息技术、人工智能等解构、重构，再解构、再重构的过程，领导者必须在解构与重构中不断突破原有边界，用新时代的新观念、新概念重新认识、学习这个世界，对组织未来的发展方向、发展模式进行重新定义。

只有通过学习才能不断产生新认识、新想法。在今天这种快速变革、高度复杂的环境中，这种能力是必不可少的。不会学习的人在领导者的位子上坐不长久，学习成了领导者的主要能量来源。我们每个人都在随时随地学习，而领导者的学习有什么特殊性呢？领导者不仅知道如何学习，而且知道如何结合组织的实际情况进行学习，这才是领导者学习的关键所在。他们能够把注意力集中在对组织最重要的事项上，并且把组织作为学习的背景环境。可以说，领导者是结合组织实际进行学习的专家。领导者对自我的管理是他们的学习与其他类型的学习的根本不同点。

组织的学习是一个获取并应用新知识、新工具、新行为方式、新价值观的过程。这个过程出现在组织的所有层面，从个人、集体到涵盖整个组织的系统层面。个人是在日常活动中学习的，特别是在与他人和外界进行互动的过程中学习；集体的学习是通过成员展开合作、努力追求共同目标实现的；全系统层面的学习是通过获取来自周围环境的反馈、对未来的改变做出预测而实现的。不论从哪个层面获得的知识，都要将其转化为新的目标、规程、预期、角色结构，以及衡量成败的标准。整个集体都要学会相互信任，建立共同的价值观，保证良好的内部沟通，在压力下保持决断力，在外部条件发生改变的时候迅速做出反应。

3. 促进系统分析创新

系统分析是实现有效创新的保障。科学技术已成为推动社会发展的根本动力，把握科学技术发展的客观规律离不开系统分析。只有具有系统思维，注重整体把握，开展共性研究，才不会被瞬息万变的细节所左右。随着新技术的应用不断深化，创新逐步成为常态和必然，时时创新、步步创新、人人创新，"苟日新，日日新"。领导者要知道什么样的创新才是组织真正需要的。要正确识别组织需要的创新，领导者必须把握组织发展的系统性和整体性，从全局的范围、整体的高度对组织发展和环境变化趋势展开分析，不断提高自身的系统分析能力。

（四）提升激发创新力

领导者的激发力以共同认知为前提，以共同信任为基础，以共同愿景为核心，其带来的创新力主要通过成员创新力表现出来，包括以下两个方面：互动创新和自主创新。

1. 促进互动创新

互动沟通是激发创新的重要途径。领导者与组织成员互动沟通是信息交换、情感共鸣的过程，也是价值观得到一致认同的过程，更是汇集所有成员聪明才智的过程。所有成员围绕一个共同愿景交换思想，激发灵感，形成推动组织创新的源泉。

怎样才能知道一个新发现的问题或者一个创造性的想法是否具有很大价值？应该如何进行评价？如何辨别一个解决方案是否具有创造性？为什么人们会支持某一个解决方案、方向或者愿景，而不是其他解决方案、方向或者愿景？这是因为唯有当组织成员愿意为将来做出创造性贡献和付出专注力时，这个愿景（或任何想法）才能被接受。好的领导者能够为自己培养一个新的听众群，他们在传递信息的时候不打破传统就可以改变人们的见解。领导者可以通过传递意义感来产生一个共同体，这个共同体就是有效的组织。沟通可以给人们带来意义。只有通过沟通，一个群体才能够同心协力，为了组织的总体目标而奋斗。把信息明确无误地传递给所有层级是一种屡试不爽的方法，这也是管理者和领导者的不同之处。

领导者要鼓励、引导、促进成员之间碰撞思想、触发灵感，搭建组织成员互动交流的平台，促进成员之间渠道畅通、信息互通、情感融通、思想连通、灵感相通。领导者要营造平等、尊重、轻松、互助的组织氛围，消除成员之间的分隔壁垒，增加成员之间的交流机会。领导者还应制造组织成员在工作之外交流沟通的机会，如聚会、研讨会、短途旅游等。

2. 通过授权激发自主创新

自主性和内驱力是创新的原动力。领导者激发组织成员创新的关键是让组织成员自主驱动，让创新成为成员的自发行为。领导者要学会向组织成员授权，授权能够激发组织成员主动把行动融入组织愿景，提高行动与愿景的契合度，用愿景指导行动，进而提高行动创新的有效性；授权能够给予组织成员更大的自主空间，让组织成员更加主动地发挥自己的创造性和积极性，把自己独特的思维和行动方式与实现组织愿景相结合，让组织成员更好地体验自身的成长，实现自身价值，这种体验会产生一种内驱力，促进组织成员不断创新。

（五）提升行动创新力

领导者的执行力所带来的创新力主要涉及三个方面，分别是调整结构促进创新、建立机制协调创新和示范引领推动创新。

1. 调整结构促进创新

除了具有构建愿景的能力外，领导者还必须成为一个能够了解组织、改变其工作方式的社会建筑师，其职能就是在组织成员之间构建一种特定的社会结构。人类给不同的事物赋予不同的重要性，并将它们编织成网，社会结构就是指这些意义之网。换句话说，社会结构为成员提供了生活背景（意义）和全情投入的对象。它决定领导者是如何让人们理解、参与愿景，并且以主人翁精神对待愿景的。首先，社会结构是一种对于组织中的事件的共同解读，这样组织成员就能知道自己做出怎样的举动才能符合预期。其次，它提供了对组织的基本价值观和哲学（同时也是员工所坚信并为之奋斗的愿景）的支持。最后，社会结构还是一种控制机制，能够许可或者禁止某些特定类型的行为。

员工认同并且追寻愿景的机制就是社会结构，它可以成就一个完美无缺的计划，也可以使计划一败涂地。任何组织的社会结构都是一个沉默的变量，可以将组织中的各种声音统一成一致的意见。这个结构决定了谁向谁说些什么，会导致怎样的后果。社会结构虽然看不见、摸不着，却决定着人们的行为，以及个人和群体的价值观与行为规范，形成组织内部的凝聚力。

不论组织是大是小，不论主导的社会结构是何类型，社会结构转变都是一个破茧成蝶般的彻底改变。这个过程极为复杂，在我们看来，这是今日领导者所要面对的最困难的任务之一。成熟的组织必须通过某种方式重新焕发活力，以在日趋严苛的环境中更好地展开竞争，这需要一种全新的领导力。

2. 建立机制协调创新

一个组织要想成功转型，必须做到三点：创造新的愿景、培养对新愿景的投入度和新愿景的制度化。

一是创造新的愿景。领导者必须为组织塑造一个愿景，即一个理想的未来状态。这个任务或许由别人来共同分担，或许是领导者和组织中的关键成员一起制定的，但它是一项核心职责，不可以完全授权给别人。

二是培养对新愿景的投入度。整个组织都要动员起来，接受并支持这个新的愿景，这样它才能变成现实。投入不仅是口头上的服从，仅仅聊一聊、交换一下看法是远远不够的，要用多种方式反复阐明愿景，包括带来的冲击最小的政策陈述、招聘目标和方法的修改、支持新的组织价值观的培训、为显示和加强新愿景对各种共同象征的修改和调整等多种手段。

三是新愿景的制度化。领导者创建了愿景、调动起人们的积极性之后，真正的挑战才刚刚开始，那就是要把新的愿景和使命制度化。语言、标志、阐述、培训及招聘固然重要，但还不够。管理的流程、组织结构及管理风格必须为新愿景下价值观和行为方式的改变提供支持。这里我们要讨论的是如何将意愿转变为现实，它所涉及的不仅有组织的使命、结构及人力资源等体系，还有在背后驱动着这些体系的政治和文化力量。

领导者这个社会建筑师干得好与不好，要看他能否管理好"意义"。这个"意义"本身就是领导者的发明创造，而领导者发明这个"意义"是要激发组织成员在完成任务目标的过程中不断创新、创造。

3. 示范引领推动创新

创新需要示范，需要榜样，领导者在行动创新方面的示范和榜样作用对组织成员的影响更为直接。领导者要想倡导和推动创新，首先自己要在行动上树立榜样，以身作则，树立标杆，在自己擅长的领域推行新方法、新机制、新秩序，创造新价值，用实际行动体现创新带来的组织价值增值，通过自己的示范带动组织成员更加积极主动地参与创新。为了推动创新，领导者可以在组织内部选择一些最需要实现创新的领域，制定专门的创新政策，建立专门的创新机制，给予专门的创新支持，把该领域作为未来在全组织范围内推广创新的试验区和示范区。除此之外，领导者还要在组织范围内发现和塑造创新典型，让勇于创新、善于创新、精于创新的人才脱颖而出，成为所有组织成员学习和模仿的榜样，从而推动组织整体创新。

（六）提升持续创新力

领导者的坚毅力所带来的创新力主要涉及两个方面：坚韧创新和挑战创新。

1. 坚韧创新

创新过程通常不像想象的那样简单、顺利，相反，充满困难和问题，这些困难和问题往往相互交织、错综复杂，让人无处着手，甚至让创新者"走投无路"。因此，领导者在带领团队开展创新的路上必须有足够的忍耐力和韧性，才能克服很多意想不到的困难。领导者和组织成员的坚韧往往对成功起着决定作用。为此，领导者首先要有足够的思想准备，对打击有足够的认识，对实现创新的全过程有充分的估计，知道创新不易，并且了解创新要经历的主要过程，做到心中有数，这样在遇到困难的时候才不至于手足无措。其次，领导者要不断提高自己克服困难的信心和勇气，不轻易被问题吓倒，对实现梦想有信心，有憧憬。领导者要提高每个组织成员的创新意识，因为创新不仅是组织发展的新常态，也是每个人不断成长、不断超越自我的必由之路，每个人都要担负起创新责任，把创新作为自身的义务。领导者还要不断提高解决问题的能力，善于找到解决问题的突破点和新方法，只要突破一个问题，其他问题往往就能迎刃而解。

2. 挑战创新

实现组织愿景需要很长的过程，这一过程中存在无数挑战，这些挑战考验领导者和全体成员的整体实力，同时也是促进组织不断创新的机会。这些挑战往往没有先例，就算过去有过类似经历，但在全新的时期、全新的技术背景下，领导者也需要从全新的视角来思考和应对。领导者要善于把挑战转化为创新机会，把那些看似不可能完成的任务变为现实，把战胜那些看似无法克服的困难当作组织发展的里程碑，最大限度地激发全体成员克服困难的信心和勇气，用"气吞万里如虎"的气势，用"不达目的绝不罢休"的精神，汇集每个人的智慧和动力，在挑战中实现跨越，在挑战中成就组织，进而成就每一个人。

第四节　当代大学生激发领导力培养

一、激发领导力的构成要素

激发领导力包括赋予意义、激发成长、授权赋能、情绪共鸣、鼓舞人心、关心他人。

（一）赋予意义

只是相信美梦必能成真还不够，还需要把美梦具体内容、意义、实现路径描绘出来，让人一想到它就热血沸腾、跃跃欲试。世上有无以计数的迷人愿景和高远理想，但是如果没有沟通，没有团队成员的支持，它们就无法变成现实。因此，要取得成功，就需要将理想的画面描绘出来，用这种画面来引发他人的热情和投入。"众人拾柴火焰高"，汇聚大家的智慧、热情和努力能够让梦想更远大，也更容易变为现实。如何才能捕捉到头脑中的想象？如何传递愿景？如何让人们为了组织的最高目标而协力工作？如何让听众认同并接受一个想法？人们在工作中需要认同并追求具有确定地位的东西，而善于给人以意义、善于沟通都是有效领导力所不可或缺的。领导者需要阐释愿景，赋予其法定性，用雄辩有力的表达点燃追随者的想象和情感，通过愿景授权他人采取必要的行动。但这个愿景必须源于整个组织的需要，得到所有成员发自内心的支持和接受，只有这样的组织才能取得成功。

（二）激发成长

赋予梦想以意义，首先要弄清楚个人需求，因为价值与意义对不同的人会因为需求的不同而不同。对组织成员而言，在一个日新月异、瞬息万变的时代中，不断提高个人能力、实现自身成长能有效提高个人的安全感。领导者在沟通中阐明实现个人成长与实现个人梦想、实现个人成长与实现组织愿景之间的紧密关系，显得尤为重要。个人成长的需求可以产生巨大的驱动力，领导者通过互动沟通能够有效激发个人成长的驱动力，这种驱动力与工作任务相结合能极大地促使组织成就的达成。

（三）授权赋能

授权是领导者给组织成员提供更多的自主权，以达到组织目标的过程。领导者对组织成员的授权，既是对组织成员的信任和认可，也是对组织成员的一种激发。获得授权的组织成员不仅能够获得更多的自主决策权，更重要的是组织成员可以在授权范围内体验到自己的影响力，换言之，组织成员有机会更加自主地发挥领导力。领导者通过授权方式让组织成员实现一定范围的自主决策、自主担责，强化了组织成员的责任感，提高了组织成员主动作为和承担风险的能力，这种主动作为的空间和独立承担风险的压力会让成员产生一种使命感和责任感，从而产生强大的驱动力。

（四）情绪共鸣

情绪是一种综合的心理和生理状态，是对外界刺激产生的心理反应及生理反应。情绪具有感染性，情绪共鸣是指情绪的相互感染，这种情况往往发生在两个人或者更多人具有相似的情绪时。大家在欣赏同一首曲子时往往产生相似的情绪，也就是产生了情绪共鸣。情绪要通过一定的表达方式传递出去，而表达的方式是多种多样的，其中互动沟通是引起情绪共鸣最重要的方式。人与人之间的情绪共鸣不仅有利于双方产生信任，还能强化彼此对同一事物的认同，从而促进凝聚力的产生。

（五）鼓舞人心

鼓舞人心是指振奋人们的信心，增强人们的勇气。在领导者与组织成员的互动沟通过程中，领导者不仅要对组织愿景进行描绘和说明，还要指明每个成员如何参与实现组织愿景这一伟大使命中。组织不仅要帮助每个成员找到实现组织梦想的意义，还要展现组织成员参与这一伟大进程的路径和方法，让每个人真切地感受到自己有能力实现目标。优秀的领导者所传达出的愿景可以给组织成员以信心，通过不断地沟通使他们坚信自己能够完成任务。领导者会不断地向组织成员提出挑战，设置更高的任务目标，并督促成员完成。宝丽来的创始人埃德温·兰德曾经说过，领导者要做的第一件事就是教导员工，让他们感到某项任务意义重大，而且是近乎不可能完成的，这样就能让他们产生强大的动力。

（六）关心他人

领导者对组织成员的关心跟前面提到的情感共鸣有一定的相关性，但这里更强调领导者从建立良好的人际关系的角度，设身处地为组织成员着想，让成员感受到领导者的关心，从而建立牢固的情感联系。领导者通过情感连接与组织成员产生情感依赖，这种依赖会让组织成员产生一种回报或交换的心理，"滴水之恩，当涌泉相报"。这并非让领导者利用这种报恩的心理，而是陈述人与人之间的关心能够产生情感关联，使组织成员产生努力实现组织目标的力量。

二、影响激发领导力的主要因素

激发领导力之所以能够成为领导力作用过程的关键，是因为它解决了"组织成员为什么努力"这个问题，或者说解决了组织成员的动力这个关键问题。影响激发领导力的因素包括信任激发、认知激发、创新激发、行动激发、持续激发。

（一）信任激发——信任领导力产生的激发力

信任是一种润滑剂，有了它，组织才能运转起来。如果一个组织中连一点点的信任都没有，我们很难想象它该如何运作。没有相互信任的组织根本不可能存在。信任意味着负责任、可预测、可依靠。产品能够销售出去，企业能够正常运转，靠的都是信任。信任还是维持组织完整的黏合剂。信任力是指获得信任的能力，包括自信、乐观、诚信、正直、勇气、责任感等，领导者和组织成员的自信、他信、互信能产生不同的激发力，包括自主激发、愿景激发、互信激发。

一是自主激发。领导者通过各种方式让组织成员的自信得到体现和强化，让组织成员对自己产生强大的信心并参与到实现组织愿景的事业中。这种力量来自组织成员的内心，是一种自主驱动力；来自实现自我价值、证明自我存在的强烈信念；来自相信自己能够战胜困难、战胜自己的成就动机，是对超越自我的渴望。因此，自信能够促使激发力产生。

二是愿景激发。领导者发挥激发力的重要体现，就是通过赋予愿景以意义来引起组织成员的关注，只有组织成员相信愿景可以实现，这一影响力才能真正起作用。因此，对愿景的信任是实现激发力的基础。

三是互信激发。互动交流是领导工作的重要组成部分。领导者与追随者是相对而言的，离开了其中任何一方，另一方也就无从谈起。这两方必须彼此共鸣，相互连接，所以，领导者不仅要吸引别人的专注力，也要付出专注力。领导者与追随者之间的互动并不是"发号施令"这四个字所能概括的，他们是彼此促进的。不论是指挥大师和演奏家，还是CEO和下属、教练和运动员，都是通过交流增加互信，团结成一体的。这种团结一心是通过互动交流实现的，是组织成员被激发的结果。因此，领导者的信任力能够对激发力产生促进作用，提高信任力有助于提高激发领导力。

（二）认知激发——认知领导力产生的激发力

认知力作为领导力作用的前提，对激发力的影响是直接的、显著的，包括利益认知激发和价值认知激发。

一是利益认知激发。过去人们在领导者与追随者之间画出一条人为的分界线，但这条线并不存在于真实生活中，只存在于我们的脑海里，这种先入为主的成见给我们认知自己、认知情境带来很大的影响，甚至会让我们走进思维的误区。因此，要把共同的愿景转化为引领每一个成员前进的动力，首先要破除的就是所有人心中的成见，真正建立起相互合作、相互尊重、相互理解、协商讨论、利益整体、融合统一的观念，真正视对方为伙伴，视对方为一起奋斗的战友。

二是价值认知激发。组织成员受激发的程度还取决于他们是否认识到愿景对自身的价值和意义。领导者在与组织成员的互动沟通中要阐明愿景的意义及其对于每个成员而言到底意味着什么，要让每个组织成员真正领悟到实现这个愿景不仅有利可图，还能够让自己产生工作的自豪感；不仅能帮助自己实现个人梦想，还能够让自己体会到跟大家一起奋斗的快乐，让自己成为实现伟大梦想的集体的一分子；不仅让自己赢得社会的尊重，更重要的是实现自我价值、自我成长。当一个组织具有清晰的目的、方向，具有一个理想中的未来状态的时候，当这个愿景得到广泛认同时，个人就能同时在组织和社会中找到自己所扮演的角色。自此，个人就得到了相应的授权和地位，因为他们可以将自己视作一个有意义的事业的一部分。他们感到自己的重要性，从盲目服从指示的"机器人"变成从事有创造性的、有意义的工作的真人。当人们感到他们举足轻重、可以通过自己对组织的参与让社会有所改善的时候，他们在工作中会更富有热情和活力，他们的工作成果会起到彼此加强的作用。在这样的情况下，组织成员的能量被引到同一个方向，为成功打好基础。这种能量的表现形式有热情、对工作的投入、自豪感、愿意做出额外的努力。因此，领导者的认知力能够对激发力产生促进作用，提高认知力有助于提高激发领导力。

（三）创新激发——创新领导力产生的激发力

通过创新力创建的共同愿景是推动领导者和组织成员共同努力的核心。一是愿景创新引领动力。创建愿景是领导者创新力的重要体现。愿景必须是一个具有召唤力的目标，愿景所描绘出的组织未来的形象必须具有现实性、可信性。领导者通过创建愿景可以激发组织成员强大的内在驱动力，从而凝聚全体组织成员的力量。

二是思维创新赋予意义。优秀的领导者经常能够让追随者看到他们工作的意义，从而激励员工取得高水平的成绩。领导者之所以能够让组织成员快速领悟到意义所在并产生强大动力，关键在于领导者善于从思维、思想层面展开创新，能够从一个全新的视角看待问题，能够从多个维度对问题展开深入分析，能够创造一种思想来解决组织成员的问题。

三是逻辑创新开辟领域。领导者不仅要关注问题解决的过程，更要关注寻找问题本身。问题解决涉及问题、方法，以及根据问题和方法而提出的解决方案。寻找问题是一个创造性的心理过程。创造首先需要发现问题，即一个从头到尾一点点构建出来的问题。最高形式的发现需要寻找问题，这和组织确定新的方向和愿景有着异曲同工之妙。领导者要善于在不同资源和信息之间发现问题，通过问题找到连接与整合这些资源和信息的方法和路径，从而开辟新领域。因此，领导者的创新力能够对激发力产生促进作用，提高创新力有助于提高激发领导力。

（四）行动激发——执行领导力产生的激发力

一是愿景成就融合激发力。在实现组织愿景的过程中，整个组织的执行能力、全体组织成员对实现愿景的信心和决心，不仅体现在取得的组织成就上，更体现在实现成就的过程中。在愿景清晰明确、行动高效快速、成就突飞猛进的情况下，现实成就与未来愿景之间的距离越来越近，组织成员可以真切地感受到实现梦想和愿景的那一天慢慢到来，梦想不再遥不可及，而是看得见、摸得着的，这样组织成员会产生动力去实现自己的梦想。

二是体系结构聚合激发力。在实现组织愿景的具体行动中，组织逐步形成的目标体系、制度体系会让组织成员感受到全体成员为实现梦想组成的一个整体系统，感受到成员之间为实现梦想建立的新秩序，每个人都是这个系统的一部分，是这个新秩序中的一个环节，不是独自在奋斗，而是跟所有人一起前进。这个组织系统会使每个人团结起来，带来一种势不可当的前进动力，让每个人都愿意做出努力。

三是以身作则引领激发力。领导者的实际行动对每个组织成员都是一种信号，所谓"火车跑得快，全靠车头带"，领导者的感召力对每个成员都是一种激励，领导者就是榜样，领导者的形象就是组织成员未来的形象。因此，领导者的执行力能够对激发力产生促进作用，提高执行力有助于提高激发领导力。

（五）持续激发——坚毅领导力产生的激发力

领导者的坚毅力对组织成员的激发主要通过两个方面完成。

一是信念坚定、情绪稳定、行动确定的领导者对组织成员而言是一个坚强的后盾，能够让组织成员产生坚定的力量。我们从领导者的定力中可以看到实现未来愿景的坚定、领导者对团队成员努力程度的肯定，以及领导者对当前这种工作方法和模式的肯定。以这些肯定为基础，组织成员能够真正"撸起袖子加油干"。

二是坚韧不拔、接受挑战、勇于担当的领导者会激发组织成员的内在动力，鼓励组织成员克服困难。因此，领导者的坚毅力能够对创新力产生促进作用，提高坚毅力有助于提高激发领导力。

三、激发领导力的提升路径

激发领导力是领导者和组织成员在互动沟通中构建起来的，提升激发领导力不仅需要提升领导者自身在思维思想、情绪关怀等方面的能力，还需要强化互动沟通、授权赋能、鼓舞人心等的作用，在认知与信任的基础上，从整体系统的角度综合考虑激发力的影响因素，从而建立信任激发、认知激发、创新激发、行动激发、持续激发等激发领导力的提升路径。

（一）提升激发领导力

1. 赋予意义

赋予意义是激发领导力最核心的部分，把组织愿景与每个组织成员的梦想有效地连接在一起，意义十分重大。成员在组织中所做的一切努力就是为了寻找意义、实现意义，领导者如果能够用恰当的方式把这个意义与成员自己的梦想相结合，就能激发组织成员成长，与组织成员产生情绪共鸣，鼓舞人心。因此，赋予意义是提升激发力的关键。

首先，所有的组织都要依赖于共同的意义感和对现实的解读，借助这些来协调行动。领导者的行动和象征可以起到构建和唤起意义感的作用。领导者阐述并界定从前没有说明的理念，然后用图景、比喻、模型等给组织成员的专注力提供一个新的焦点，这样组织成员就可以巩固原有的看法或者对其提出挑战。简单来说，领导力中的一个基本因素就是影响组织成员心中的意义感。传达愿景的最佳方式是比喻或者模型，如某政治领导人许诺让"每一口锅里都炖着一只鸡"，或者通信公司的"天涯相思，触手可及"。在沟通中信息的失真是不可避免的，但是优秀的领导者似乎总能找出一个最合适的比喻让愿景清晰化，使失真最小化。实际上，最佳的比喻往往超出了口头沟通的范畴，如用诗歌或者歌词来表达，而不必拘泥于文字。重要的是"找准感觉"，能够唤起共鸣，勾起听众心中的情感需求，让人有"顿悟"的感觉。

其次，领导者用于塑造和传达意义的方式、方法各不相同，有的是口头的，有的是非口头的，有的用语言，有的用音乐。但每一个成功的领导者都意识到组织基于共同的意义感，并以这种意义感来划分角色和权限。领导者也认识到自己的一个核心职能就是传达一个能够解读并影响当前形势的蓝图，从而让组织成员以共同解读来指导自己的行为。不论采用何种形式，有效沟通都是召集支持者所必需的，特别是当需要做出巨大变革或者牺牲的时候。近百年前的罗斯福和丘吉尔都是沟通高手，离我们更近一些的曼德拉、撒切尔夫人及拉宾等领导者，也都依靠他们非凡的说服能力改变了自己的社会。

最后，我们所说的意义要远超通常说的沟通。它与事实甚至知识都没有什么关系。事实和知识是关于技术、方法论的，它们十分有用，是必需的，但与这里所说的意义关系更密切的却是思考，而不是事实和知识。思考让一个人知道自己要做什么，应该做什么。思考对于现有秩序来说可能是一个危险的因素，但它确实能让人建设性地提出新的方向和愿景，对旧习惯形成挑战。不加思考地根据事实做事看似安全妥当，但从长远来看，实际上是一种非常危险的非建设性做法，因为它完全回避了方向问题。特别是在动荡环境中，杰出领袖首先要知道为什么，然后才是怎么办，这是领导者和管理者之间的一个关键区别。

2. 激发成长

如果说赋予意义是把组织愿景与个人梦想创造性地连接起来，那么激发成长的关键是要让组织成员真切地认同最后实现的成就与自己的努力奋斗过程产生的吸引力。赋予意义回答的是为什么做的问题，激发成长回答的是怎么做的问题，不仅要回答怎么做，还要回答怎么做到，以及怎么做到家。领导者要让组织成员感受到，实现梦想不仅要投入，还要努力投入，全力以赴；实现梦想的过程不仅要体现优秀，还要体现卓越。所有这些要求不是组织强加给个人的，而是组织成员发自内心的要求。领导者要让组织成员认识到，"做"与"做到""做到家"的区别不是能力问题，而是一个人的理想追求，是一个人做人、做事的境界，要做就做好，做得漂亮。领导者要让组织成员"做到家"以后得到相应的回报，这种回报包括物质层面的也包括精神层面的。领导者要让组织成员在最开始的阶段感受到他不是一个人在奋斗，而是大家一起在努力，每个人在需要的时候都能得到组织强有力的支持。领导者还要让组织成员感受到自己的成长，随着成员的进步，组织要有意识地分配更加具有挑战性的任务，让他们在挑战中完善自我，取得成就，赢得尊重。

3. 授权赋能

领导者可通过授权让组织成员有更多施展才能的空间，在实际工作中不断积累经验，增长才干，实现快速成长。授权要注意以下四个方面：

第一是让组织及其成员把全部力量集中到重要的行动上来。这些重要的行动要使最高理想与组织的能力相吻合，让人们感到自己在参与"将理想转变为现实"的重大事件。

第二是能力，也就是成员能够在工作中有所发展，学到东西。这种日益增强的对知识的掌握能力和眼界的拓宽，起到了提升绩效和协调努力、实现组织目标的作用。

第三是员工间产生一种家人般的亲近感。成员就像邻里街坊一样，为了一个共同的目的走到一起，这里并非指大家要怎样亲密无间，而是彼此依靠，向着共同的理想前进。

第四是快乐。通过授权，员工沉浸于工作中，甚至在很长一段时间里忘记自己的基本需求。我们看到一些人参与多种与工作相关的活动，而这些活动并没有提供什么报偿，但他们乐在其中，不会斤斤计较。我们认为，几乎任何一个目标或者体验都可以令人快乐，或者至少有可能让人乐在其中，这种乐趣不一定要以稀缺资源为基础。所以，授权所改善的不仅仅是人在工作期间的生活，而是他的全部生活。

4. 情绪共鸣

领导者在与组织成员的互动沟通中，要善于感知组织成员的情绪状态，并采取相应的措施以引起共鸣。首先，领导者要善于察言观色，从表情、肢体语言、声音、着装打扮等方面判断组织成员的情绪状态。这些细节往往透露出一个人的关注点和心态，特别是当一个人的情绪出现异常时。其次，领导者要验证情绪状态，当对方表露出某种情绪的时候，领导者要让对方知道领导者已经有所察觉，这种试探是要让对方决定接下来如何表现，是继续掩饰还是和盘托出，要给对方留有余地。双方要在这种试探、交换信息的过程中获得情绪互动，有了这些互动信息和互动知识，才能实现情绪共鸣。

5. 鼓舞人心

鼓舞人心就是激发组织成员实现梦想的信心和决心。一方面，领导者要从组织的层面让成员看到组织发展的希望和强劲势头，让成员对组织的未来充满信心。组织只要取得标志性的进步，就要及时传达给成员，让每个成员都知道整个组织的发展情况如何，离共同的愿景与目标还有多远，他们还需要付出哪些努力、克服哪些困难。另一方面，领导者要让组织成员对完成自己的目标充满信心。领导者要挖掘成员的优势、知识、经验和能力，帮助成员找到完成目标的路径和方向，让成员感受到在工作中有方向、有目标、有路径、有能力、有支持。只要每个成员充分发挥个人热情和努力，梦想就一定能够实现。

6. 关心他人

关心他人的本质是表达一种善意的情绪。人与人交流沟通时会揣测对方的意图，在意图没有弄清楚以前，要么基于过去双方关系的密切程度来判断，要么保持一种防御的姿态。这个时候，需要双方通过表达对对方的关注和关心传递自己的善意。这种善意与双方关系是否契合，会传递出不同的信息。双方关系的密切程度与关心的程度要恰到好处，如果出现不匹配，就会让人产生其他联想，重新判断对方的意图和目的，甚至重新判断双方之间的关系。领导者要善于把握双方的关系与关心之间的匹配，可以通过加强（或减少）关心促进双方关系质量的提升（或下降），以达到更好地激发组织成员的目的。

（二）提升信任激发力

信任是产生激发力的基础，没有信任就不可能产生激发力。领导者和组织成员必须在相信自己、相信愿景、相信对方的基础上才能产生驱动力。领导者的信任力所带来的激发力主要涉及三个方面，分别是自主激发、愿景激发和互信激发。这三个方面的激发力通过互动沟通实现传递，激发力还会长期存在于领导者和组织成员的内心，持续产生激励作用。

在这三个方面中，自主激发是基础，愿景激发是支撑，互信激发是纽带，也是结果。无论领导者还是组织成员，自信、乐观、诚信、正直、勇气和责任感都是提升自主激发力的基础。正是由于领导者和成员都具有这些让人可信的品质，领导者与组织成员的互动沟通才有价值。同时，领导者的这些品质是对组织愿景可信度的背书，能强化组织成员对愿景的认可，并通过愿景激发全体成员为之奋斗的动力。愿景是引领领导者和组织成员相互激发的重要焦点，离开了这个愿景，领导者和组织成员之间的激发就缺乏实质内涵，也就无法持续和长久。互信激发是领导者与组织成员实现共同愿景的最佳选择，也是自主激发、愿景激发交织在一起形成的结果，只有双方互信，才能真正迸发激发力，双方才能以高效率的方式创造性地实现共同目标。

想要提升自主激发水平，就要主动把自己放在一个组织整体中，尽管自主激发更多由个人完成，但是一个人被激发的状态是内外共同作用的结果，相信自己与相信对方往往交织在一起并相互强化，一个强大的团队中的个体通常拥有更高的信心和激发水平。领导者需要做的就是不遗余力地打造一个强大的团队，通过强大的团队力量，设计和实现更有吸引力的愿景；更有吸引力的愿景又能够聚集更优秀的人才，从而形成愿景、人才、领导的互动激发与良性循环。

（三）提升认知激发力

认知是产生激发力的前提，激发力是从认知开始的。领导者和组织成员只有认知自己、认知对方、认知组织、认知愿景等，才能真正产生激发力。领导者的认知力所带来的激发力主要涉及以下三个方面：

一是提高对需求的认知。提高领导者的激发力，首先要提升其把握需求的能力。激发一个人的能力最基础的是要洞察其主导需求。领导者要不断提升把握组织成员需求的能力，不仅要具备足够的与激励相关的理论知识，还要特别注重与成员之间的信息沟通，用理论指导方向，用实践把握节奏，从生命周期、需求层次、影响激励的主要心理因素等方面提高认知、把握需求的能力。在实践中，领导者要不断提升沟通技巧，在沟通中提升对信息的获取和处理能力，并根据信息做出更加准确的判断。

二是提高对潜能的认知。领导者对组织成员发展潜能的认知，是实现激发的基础。领导者要了解组织成员感兴趣的领域，为成员提供更多尝试的机会，让成员对自己的未来发展有更加全面、准确的认识。领导者要善于当"伯乐"，发现组织中的优秀人才，遵循人才成长规律，既不"拔苗助长"，也不刻意打压，给人才成长创造有利条件，营造优秀人才健康成长的组织氛围。

三是提高对全局的认知。领导者要提高激发力，就要有全局性的眼光，以解读组织和外部环境未来的发展趋势。领导者的眼光要有深度，看待全局时要关注细节和正确的角度，同时要眼观六路，把握竞争对手和其他关系人对组织新方向的反应。领导者还要随着环境的改变不断审视过去构建的种种愿景。因此，要提升领导者的全局观，就要提升领导者视野的宽度，即领导者要了解不同领域、不同地域、不同类别的事物，了解它们的发展趋势和规律；需要提升领导者视野的高度，即领导者要看得长远，抽象共性，统领全局；需要提升领导者视野的深度，即领导者要深入细节，见微知著，看到本质。这就要求领导者增加阅历，不断学习，不断总结，不断提升自己。

（四）提升创新激发力

领导者的创新力以共同认知为前提，以共同信任为基础，以共同愿景为核心，所带来的激发力主要涉及以下三个方面：

一是愿景创新。领导者要创造一个吸引人的能够把员工队伍带动起来的愿景，从而让大家为了愿景而全情投入。创造愿景是领导者的一项核心职责。

二是思维创新。通过思维创新更容易找到愿景的意义所在，因此，领导者要善于换位思考：一方面，领导者要站在组织成员的角度，想成员之所想，急成员之所急，充分考虑组织成员的利益诉求和成长需要；另一方面，领导者要站在组织的角度，在整体利益与个人利益之间，在短期利益与长期利益之间实现最佳平衡。

三是逻辑创新。有时候愿景是多维度的，这就使为组织构筑合适的愿景这一任务更加复杂。领导者必须具备较强的预见性，才能判断愿景与组织所处的环境能否很好地匹配，特别是愿景要符合组织文化中的价值观，这对激发力有直接的影响。如果愿景与组织文化在价值观层面发生冲突，不但不会产生激发力，反而会带来负面影响。

（五）提升行动激发力

领导者对组织成员的激发力会直接影响其执行力，反过来，组织成员的执行力对激发力有间接作用。领导者要注意以下三个方面：一是提高行动有效性，让行动成就成为里程碑。在愿景的指引下，全体成员汇聚力量获得行动成就，说明组织处在实现愿景的预定轨道上。领导者要用可感知的方式不断反馈努力的结果，增强组织成员的信心。二是完善组织体系结构，把愿景融入行动过程，用体系结构聚合众人之力、众人之长。组织确立愿景靠的不是通知、权势或者强制，更多的是一种说服工作，要让组织成员坚定不移地支持这个愿景，因此，要找准时机，方式要适合这个组织和组织中的成员。未来愿景的传达并不是一劳永逸的，如果不能持续加深组织成员对愿景的印象，它将会逐渐消退。愿景必须反复强调，使其融入组织的文化，得到组织战略和决策流程的支持。领导者还必须留意行动过程中外部环境的改变，随时判断是否要对愿景做出改变。三是树立行动榜样。领导者要用实际行动、实际成就向组织成员证明，每个人的努力都很重要，组织成就是靠每个人的努力实现的，领导者与成员一起努力、一起奋斗。领导者要让所有成员认识到，领导者和组织成员是一个命运共同体。

（六）提升持续激发力

领导者对组织成员的持续激发力取决于两个因素，分别是领导者在信念坚定、情绪稳定、行动稳定中表现出来的定力，以及在坚韧不拔、接受挑战、勇于担当中表现出来的毅力。提升领导者定力的本质是提高领导者的成熟度，无论是对组织发展愿景与方向的判断，带领组织成员实现愿景与目标的信心，还是在行动中对自我情绪及组织成员情绪的管理，以及行动过程中对决策的把握，都需要领导者不断历练，反复实践，不断总结，不断提高自身各方面的成熟度，提高对全局的把握能力。领导者要提升毅力，不仅要接受训练和挑战，还要用更加积极的心理状态去面对困难、压力和挑战。领导者要把克服困难当作提升自己能力的机遇，把承受压力作为自我成长的途径，把迎接挑战作为自身学习的良机，不断修炼，不断精进，不断反思，用积极的心态应对各种任务，自信乐观地面对挑战，用平常心坚守自己的责任。

第五节　当代大学生执行领导力培养

一、执行领导力的构成要素

执行领导力包括构建体系、调整结构、以身作则、精力充沛、转化转换、协调冲突。

（一）构建体系

构建体系的意思是聚散为整，按照特定的秩序把零散的要素联系起来组成一个整体。为了更好地实现愿景，领导者要在组织执行系统中把愿景法定化、结构化、体系化，不仅从赋予意义的角度让每个成员认同组织的共同愿景，还必须落实到行动上，制订实现愿景的时间计划、分工计划、流程计划、利益计划、价值观计划、人才计划等，并用愿景统领各个体系，使其相互衔接、相互关联成一个整体。因此，领导者需要建构的体系包括目标体系、规则体系、流程体系、评估体系、文化体系、分配体系、人才体系等。

（二）调整结构

愿景与结构必须统一。组织确定愿景以后，必须调整组织结构使其与愿景相匹配，建立确保组织愿景顺利实现的新思想、新秩序、新关系、新路径、新方式。领导者要把对组织结构的调整作为关键来抓，通过对新思想、新秩序等的调整，让所有成员产生对组织实现愿景的信心和决心。

（三）以身作则

以身作则是指以自己的行为做出榜样。为了让组织成员全力投入行动，领导者要率先垂范，用自己的行动证明实现组织愿景不是某些人、某些部门的任务，而是所有成员的任务。领导者的率先垂范能够起到带头作用，让组织成员向自己看齐，极大地激发组织成员的工作热情和工作效率。

（四）精力充沛

领导者要带领组织成员共同完成实现组织愿景的重任，没有健康的身体做支撑是不可能的。这里的精力充沛主要是指领导者要在组织范围内加强健康管理，既包括领导者自身的健康管理，也包括组织成员的健康管理。健康管理的内容主要包括医疗卫生管理、运动健身管理及适度劳动管理。其中，医疗卫生管理和运动健身管理比较明确，适度劳动管理主要强调领导者要在组织范围内倡导劳逸结合，不能以牺牲成员的健康为代价换取工作成果，要保证组织全体成员随时都有充沛的体力和精力、昂扬的斗志以投入实现组织愿景的新征程中。

（五）转化转换

从愿景到成就需要无数个行动来完成，而每一个具体行动又有多种实现方式。要提高执行效率，保证执行效果，领导者必须发挥全体组织成员的聪明才智和创造性，在每一个具体行动中都要通过创造性转化、创新性转换，用最低的成本换取最大的成果。执行过程不是简单机械地完成工作，而是创造性地完成工作。每个组织成员都要在创造性工作中注入新能量，发挥新作用，体现新价值，这样的执行才是组织需要的。

（六）协调冲突

在实现组织愿景的过程中，由于外部环境总是变化莫测，而组织内部结构、制度、秩序相对稳定，由此带来愿景与现实的冲突、目标冲突、实现路径冲突、时间冲突、任务冲突、范围冲突等一系列不可避免的冲突，影响组织执行任务的效率和效果。协调冲突是行动过程中领导者要完成的重要职责，只有协调好各类冲突，组织才能高效且高质量地完成任务目标。

二、影响执行领导力的主要因素

执行领导力是领导力作用过程的载体，主要回答怎么做、怎么做得更好的问题。执行力作为激发力的直接结果，反映了激发力的大小，并通过组织成就体现执行效果。影响执行领导力的因素包括高质量执行、高效执行、创新执行、主动执行、持续执行。

（一）高质量执行——信任领导力产生的执行力

从信任力维度来看，领导者可以通过自信、乐观、诚信、正直、勇气、责任感等信任能力对组织成员产生影响，促进执行领导力的提升，主要表现在以下三个方面：

一是自信提高执行效率，即领导者和组织成员对自己完成工作任务的信心越高，完成任务的效率和质量就越高。一个人的自信来自熟练的处理技巧、已经具有的经验和能力、对目标任务的深刻理解，这些因素都是高效率、高质量执行力的保障。熟练的技巧让领导者能够抓住关键、减少多余环节，提高工作速度，从而提高执行效率；经验和能力能够帮助领导者减少分析时间，快速决策；对目标任务的深刻理解能够帮助领导者减少工作路径的偏差，用最高目标指引工作，实现知识积累。

二是互信保证执行结果，即领导者和组织成员之间的互信能够减少信息偏差，促使双方为实现同一个愿景与目标而专注于任务。双方只有准确地判断对方掌握的信息，以及双方的任务目标和衡量标准统一，才能确保相互协作的高效率和高质量。互信还会促进双方不断提高工作质量，不辜负对方的信任和期望。互信带来的正面价值还包括双方将信任作为一种行动准则。

三是责任感促进精益求精，即领导者和组织成员把高质量地完成工作任务作为自己的责任，精益求精。这种责任感不仅包括个人责任，还包括团队责任、组织责任，只有当组织成员把自己当作组织的一分子，组织荣辱与个人荣辱紧密相关，这种使命感、自豪感、责任感才会产生强大动力，促使组织成员不懈努力，自觉追求工作质量的高标准和严要求。因此，领导者的信任力能够对执行力产生促进作用，提高信任力有助于提高执行领导力。

（二）高效执行——认知领导力产生的执行力

认知力作为领导力作用的前提，对执行力的影响是直接且显著的，包括判断准确提高效率、洞察关键提高效率、学习难点提高效率等。

一是判断准确提高效率。领导者对事物发展规律的准确判断有利于提高执行效率。领导者在执行过程中要对三类事物进行判断和预测：首先是对愿景与目标的实现路径的判断。领导者不仅要对愿景本身有着深刻地理解，更要对实现愿景的可能路径进行选择。"条条大路通罗马"，在这些可能的路径中，领导者的判断力决定了最终实现愿景的方式和效率。其次是对外部环境变化趋势的判断。影响外部环境变化趋势的因素很多，从大的方面来讲，包括政治、法律、经济、社会文化、技术、竞争对手、相关利益主体等，每一个因素的变化都会引起外部环境带来的机遇与挑战发生变化。面对如此复杂的局面，领导者需要快速识别关键要素及其关键变化，判断力的高低及判断的效率会直接影响组织的执行效率。最后是对内部资源与能力的判断。领导者要了解组织具有哪些资源与能力优势、哪些不足，如何创造价值，如何有效地激发团队分工协作等，在准确判断的基础上做出决策，决策质量和决策效率会直接影响组织的执行效率。

二是洞察关键提高效率。领导者在纷繁复杂的决策过程中要善于洞察事物变化的征兆，预见即将发生的变化，预先采取措施进行防范，有效防止局面失控；要善于洞悉事物规律，并按规律进行资源配置，确保行动在预定轨道上正常展开；要善于洞察影响事物发展变化的关键因素，在有限的时间中"抓大放小"，抓关键，抓重点，抓要害，确保工作高效。

三是学习难点提高效率。领导者在执行目标任务的过程中要善于向问题学习，在解决问题的过程中不断深入分析，总结反思，不断提高自身能力及工作效率。因此，领导者的认知力能够对执行力产生促进作用，提高认知力有助于提高执行领导力。

（三）创新执行——创新领导力产生的执行力

一是新愿景引领新行动、新作为。领导者通过创造新愿景凝聚全体成员的专注力，激发组织成员的新热情、新动力，引领全体组织成员对标新愿景，转换新视角，打开新思路，寻找新路径，运用新方法，开启新篇章，踏上新征程，实现新成就。

二是创新思维重构执行体系。领导者要带领全体组织成员实现新愿景，就必须构建一套新体系，体系各部分又构成子体系，各子体系之间相互关联，相互衔接，互为依托、协调统一，如构建目标体系赋予组织愿景以意义，构建结构体系明确组织成员的分工协作，构建制度体系明晰组织系统的工作流程与工作秩序，构建分配体系确定组织成员的利益关系，构建文化体系统一价值观与行为规范，构建人才体系，把组织成员的成长与组织发展紧密相连。构建这样以组织新愿景为核心的执行体系，可直接促进执行力的提升。

三是创新重构执行模式。围绕更好地实现新愿景，领导者要充分激发组织成员的创造性，实现愿景到现实成就的创造性转化和创新性转换；要充分运用网络技术优势，重构执行模式，推动执行结构、执行流程、执行模式的转换并不断完善和调整；要充分发挥组织成员的积极性，推动执行效率和执行效果的提升。因此，领导者的创新力能够对执行力产生促进作用，提高创新力有助于提高执行领导力。

（四）主动执行——激发领导力产生的执行力

从激发力维度来看，领导者的主动执行力包括自主高效执行、热情高效执行、高能高效执行、协作高效执行等。

一是自主高效执行。领导者通过赋予意义、授权赋能等方式，让组织成员不仅深切地感受到实现愿景对自己的意义，还能够得到组织提供的更大平台来施展自己的才华。在充分理解愿景内涵的基础上，组织成员能够在一定范围内自主决策如何行动，这将大大提高组织对市场的反应速度，提升组织的执行效率。

二是热情高效执行。组织成员在情绪共鸣、鼓舞人心等方式的影响下，把组织愿景与个人梦想紧紧地联系在一起，把个人价值、个人成长与工作成就紧密地联系在一起，对组织、愿景高度认同，产生极大的工作热情，从而提高工作效率，促进组织执行力的提升。

三是高能高效执行。组织成员在不断受到激发和鼓舞的情况下，工作投入度的提升不仅有利于提高工作效率，更能促进自身能力的成长。随着组织成员能力的提高，他们能够完成更加复杂的工作，处理更加复杂的问题，更加熟练和从容地开展工作，有更全面、更深入地分析思考过程，更愿意在提高工作效率方面展开尝试和探索，从而产生对工作流程的反馈和改进，进而促进工作效率和组织执行效率的提升。

四是协作高效执行。组织成员在同一个组织愿景的召唤下，尽管有各自分工，但在工作努力的方向一致、工作秉持的价值观一致的情况下，工作上的相互协作会更加融洽，人员之间更加信任，工作衔接更加流畅，这有利于降低失误率，减少相互配合的效率损失，促进组织执行效率不断提升。因此，领导者的激发力能够对执行力产生促进作用，提高激发力有助于提高执行领导力。

（五）持续执行——坚毅领导力产生的执行力

领导者的坚毅力对组织成员执行力的影响主要通过两个方面完成，即持续执行提高效率和坚毅执行促进成就。

一是持续执行提高效率。领导者信念坚定、情绪稳定、行动确定所产生的定力，会促使组织成员持续坚定地执行组织任务。这份坚定和持续不仅能够让组织成员对执行的目标任务充满信心，还能够不断提高组织成员完成目标任务的熟练程度，从而提高执行效率。

二是坚毅执行促进成就。行动过程的复杂性和执行任务的实时性，要求领导者和组织成员面对困难和挑战时，不忘初心，坚守责任，排除万难，不断前进，只有这样才能最终取得成就，实现理想。因此，领导者的坚毅力能够对执行力产生促进作用，提高坚毅力有助于提高执行领导力。

三、执行领导力的提升路径

执行领导力是领导者在实现组织愿景的实际行动中体现出来的领导力，不仅体现执行效率，也体现执行质量，还体现执行创造力。执行领导力的提升不仅需要领导者在构建体系、调整结构等执行系统层面进行整体设计，也需要领导者在以身作则、精力充沛等个体层面做出表率，还需要其在转化转换、协调冲突等互动环节下功夫。除此之外，领导者还要重视认知力、信任力、创新力、激发力等层面对执行力产生的影响，从整体系统的角度综合考虑执行力的影响因素，从而找到高质量执行、高效执行、创新执行、主动执行、持续执行等执行领导力的提升路径。

（一）提升执行领导力

1. 构建体系

一是构建目标体系，就是构建起组织愿景与每个人、每个阶段的目标的相关性，明确目标的意义。领导者要在组织内部建立一个相互联系的目标体系，这个体系把员工有机地组织起来，使集体力量得以发挥。组织成员在明确理解组织愿景的前提下自下而上地进行目标认定，以确保组织愿景顺利实现。基于对组织愿景的总体理解，领导者向组织成员提出的目标是每个组织成员认领的一种责任或承诺。目标并不决定未来，它只是一种调动组织的资源和能力以创造未来的手段。

二是构建规则体系，主要包括基本原则、协作准则、行动规则等。其中，基本原则主要规定执行过程中的通用原则，如议事规则、决策规则等；协作准则主要规定成员之间有关协作的准则，如团队组建与解散、冲突协调等；行动规则主要规定每个成员在完成任务过程中的行动规范。这个规则体系确定了组织成员在执行过程中的基本准则，为协调冲突、高效行动提供判断依据。

三是构建流程体系，其本质上是构建组织行动的秩序，规定先做什么，后做什么，形成一系列创造价值的活动组合，主要包括组织业务流程、决策流程等。业务流程界定了跟业务相关的所有活动——将输入转化为输出的相互关联或相互作用的活动；决策流程是关于决策规则和决策权限的完成决策的所有过程或步骤。流程体系确定了组织内部的行动程序，可以确保组织成员做事有章可循。

四是构建评估体系。通过评估体系对行动结果的效率、质量、成本、速度等进行评估和反馈，是促进目标任务更好完成的重要途径。组织要构建由评估指标、权重、评估标准等构成的评估体系，对执行结果进行客观反馈，让领导者和组织成员更加全面地衡量实现愿景的程度。

五是构建文化体系。文化是落实激发领导力中"赋予意义"的直接体现，要从共同价值观、管理制度、行为规范等层面进行界定，把"意义"植入领导者和组织成员内心，并落实到行动上。

2. 调整结构

调整结构是对原有秩序的重构，重构的目的是更好地推动愿景的实现。调整结构必然要打破原有利益格局，因此，必然会遇到阻力，领导者要做好充分的思想准备。为此，领导者要提出充分的理由，并得到所有成员的拥护。领导者要恰如其分地剖析新形势，明确新定位，提出新思想，定义新关系，重构新秩序，建立新结构，指明新路径，选择新方式，实现新成就。比如，要让成员更好地发挥价值，领导者不仅要对成员自身的价值给予全面的评估，还要掌握任务要求，实现二者匹配。这就是组织在更换领导者以后，经过一系列人事变动，组织效率可能会得到很大提升的原因。

3. 以身作则

领导者要做到以身作则，首先要尊重规则，不搞特殊，以规则为准绳，接受规则的约束，要求组织成员做到的自己要率先做到，要求组织成员不能做的自己也不能越雷池半步；其次要表里如一，言行一致，说到做到；最后要公平公正，一视同仁。

4. 转化转换

在执行过程中，领导者要带领组织成员充分发挥创造性和创新性。在整个组织系统中，每个组织成员的工作任务不同，担负的责任不同，这就需要建立相应的分工协作机制、分配机制、成长机制等，以促使每个成员结合自身工作实际，充分发挥积极性、主动性、创新性、创造性，把组织愿景转换为与自己的任务相关的可实现的阶段性目标，把对愿景的向往和期盼、对目标任务的承诺和责任转化为满腔热情的具体行动，转化为实际组织成就。

5. 协调冲突

领导者协调冲突的关键是快速准确地找到冲突的原因，然后对症下药。领导者不仅要善于协调冲突，更要在规则、流程、文化上减少冲突发生的可能，从系统层面正视冲突，并在规则、流程上对化解冲突做出安排，对组织执行过程进行评估，及时发现可能产生冲突的环节，以及时修正和完善。

6. 精力充沛

领导者要对全体组织成员的健康负责任，在组织范围内积极推行医疗卫生管理，定期体检，督促组织成员发现身体不适及时就医，加强组织卫生保健管理，普及健康生活知识，倡导健康生活方式；积极推动运动保健管理，把运动保健列入日常管理，将其作为健康生活方式的重要内容，适时组织集体运动，提高成员参与运动的积极性；推行适度劳动管理，给组织成员合理分配工作，倡导在工作时间内完成工作任务，建立高效工作的激励机制，让高效、高质量成为工作新常态。

（二）提升信任执行力

组织成员的执行过程集中体现为相互协作，因此信任力是产生执行力的基础，没有信任的执行要么质量不高，要么效率不高。领导者和组织成员只有相信自己，相信愿景，相信对方，执行过程才有主动性和积极性，相互协作中才会专注于行动，才会高效地完成任务目标。领导者的信任力对成员的影响主要涉及三个方面，即自信提高执行效率、互信保证执行效果、责任感促进精益求精。

首先，在执行任务过程中，领导者要善于发现组织成员擅长的领域，为他们提供平台和机会，安排最适合他们的工作任务，让成员在工作中找到乐趣，增强自信。领导者要鼓励组织成员在工作中发挥主动性，不断提高执行任务的熟练度，鼓励成员在自己擅长的领域不断精益求精，发挥匠人精神，从熟手逐步成长为大师。其次，在执行任务的过程中，领导者要鼓励建立工作团队，以工作团队为执行单位，增进成员之间的沟通与了解，提高协作水平，加深工作友谊，激发团队精神，推动组织成员之间的互信水平不断提升。最后，领导者还要向组织成员反复强调组织愿景，让组织成员时刻感受到自己的工作是实现伟大梦想的一部分，不断增强其实现组织愿景的信心，用信念指导其行动，用信念激发其工作热情，不断提高组织成员的工作质量和工作效率。

（三）提升认知执行力

认知力是领导力作用的前提，对执行力具有直接且显著的影响。我们常说"既要埋头苦干实干，又要抬头向前看路"，就是提醒我们要在行动中不断识别环境的变化，察觉行动的效果，不要偏离行动方向。如果偏离了方向，行动再有效，也只是离目标越来越远。领导者不仅要"把事情做正确"（do things right），还要特别注意"做正确的事情"（do right things）。领导者的认知力对成员的影响主要涉及三个方面，即通过判断方向提高执行力，通过洞察关键提高执行力，通过学习难点提高执行力。

首先，我们面临的外部环境具有显著的动态性，执行过程中领导者必须带领组织成员根据环境条件的变化对行动计划进行适当修正，不能盲目执行原计划。这就要求领导者在行动中主动认知环境变化规律，在动态变化中把握方向，判断形势和趋势，从而因势利导，随机应变。其次，领导者要了解执行效果和取得的成就，让组织成员及时准确地判断行动的有效性，认识到与组织目标的差距，或者执行过程中存在的问题，解决问题的关键，应该做出的反应和调整。特别是领导者和组织成员在面对问题的时候，要快速判断，洞察问题的关键，找到解决措施，确保行动效果与行动计划的一致性。最后，领导者和组织成员要学会在行动中学习，在实践中提高认知水平。执行过程是最好的老师，能提供很好的向实践学习的机会，还能及时通过行动结果反馈学习效果，是提高学习能力、积累隐性知识最好的平台。领导者和组织成员要保持学习的意识，在实际行动中不断总结经验教训，找出事物发展变化的内在逻辑和规律，不断提高自身的认知水平，从而促进执行力的稳步提升。

（四）提升创新执行力

创新力是领导力作用的核心，创造性执行、创新性执行是提高执行力的核心。创建体系、调整结构、创造性转化都以创新为支撑，执行领导力正是在创造性执行中体现出领导者的魅力。领导者的创新力对成员的影响主要涉及三个方面，包括创建新愿景引领新行动、新作为，创新思维重构执行体系，创新重构执行模式。提高领导者的创新力可以从以下三个方面着手：

一是建立创新氛围和容错机制。领导者要营造鼓励创新的组织氛围，鼓励组织成员主动发掘创新机会，建立畅通的信息沟通渠道，让组织成员在行动中觉察的新信息、新想法能够快速在组织内部分享，促进信息共享、知识共享、创意共享。建立新想法、新创意的评估机制，对有价值的新信息、新创意及时评估和筛选，让新想法的价值得到最大限度的发挥。

建立创意转化的容错机制，把新创意产生的经验和教训当作组织的新知识，可以消除组织成员对创新失败的后顾之忧，让所有成员保持一种开放、积极、轻松、自由的创新意识。

二是注重知识迁移。领导者要强化组织内部和组织之间的知识迁移，搭建合作交流分享平台，促进不同领域、不同组织、不同团队、不同成员之间的知识交流和共享；强化对知识转化条件的识别和研究，注重任务执行过程的信息记录和总结提炼，把不同领域的成功经验转化推广，提高执行效率和执行效果。

三是鼓励尝试新模式。领导者要保持开放和学习的心态，勇于尝试可能推动组织执行效率提升的新技术、新方法、新创意、新模式，从逻辑上认真分析和判断其有效性，并积极创造条件，从小范围开始，不断探索，不断总结，不断推进，用新技术、新方法引领组织变革，使组织保持生机和活力。

（五）提升主动执行力

激发力对执行力有直接影响，组织成员受激发的状态直接决定其行动效率和效果。要让组织成员主动执行组织任务，就要让组织成员真切感受到行动有意义，有价值，行动有机会，有平台，对组织，对工作有感情，行动有结果，有成效。

领导者要在行动中反复强调组织愿景，使每个成员对组织愿景耳熟能详，使组织愿景与组织成员的个人梦想密切相关，并把对愿景的向往和期盼融入行动中，体现在组织成就上。领导者要善于授权，给组织成员足够的施展才能的空间，根据组织成员的能力和与组织的连接强度授权赋能，对成熟度高、与组织连接度高的成员，要充分授权，给予足够大的自由裁量空间，让成员充分发挥主动性、积极性、创造性开展行动，领导者只需要关注目标和结果即可；而对成熟度较低、与组织连接度不高的成员，要把明确具体目标、促进成长作为行动过程的重点，做到因势利导，分类授权。领导者要关心组织成员，建立组织成员之间的信任和友谊，增强成员与组织的情感联系，让成员对组织及同事产生情感归属和依赖。领导者还要善于发现组织成员的工作成果，让组织成员感受到自己的成长与进步，并从执行效果中找到自己的贡献。这不仅能够增加成员的自信，也能使成员产生执行动力，从而以更加饱满的工作热情全身心地投入工作行动中，促进执行效率的提升。

（六）提升持续执行力

执行力能否持续往往决定了组织的目标能否实现。让组织成员保持持续的工作热情，持续高效地朝着愿景不懈努力，即使遇到困难也绝不退缩，受到挫折也百折不挠，这对领导者而言是一个巨大的考验。

在实现组织愿景的过程中，领导者必须做到信念坚定、意志坚定，面对执行过程中的困难和质疑，要斩钉截铁地表明立场和态度，用钢铁般的意志向全体组织成员表明：我们的前进方向是正确的，我们的未来是充满希望的，困难和阻力是暂时的，只要我们咬紧牙关挺过去，就一定能够夺取胜利。很多行动的成功往往依靠的是全体成员的坚定信念，领导者的态度和形象对此具有决定性作用。

领导者在带领组织成员行动的过程中要勇于承担责任。影响组织取得行动成就的因素很多，领导者能否快速决断，能否勇于担当，能否从大局出发、为全局着想、对全体成员负责，往往决定了组织的成败。领导者要充分意识到正是无数看似不起眼的小决策最终影响了组织前进的方向，也决定了组织的战斗力。领导者只有把组织的整体利益放到首要位置，这种责任与担当才能转化为全体成员的执行力。

结 束 语

我国正处在经济社会快速发展、技术更新日新月异、全球影响与日俱增的新时代，行业、企业和职业的边界不断消解，跨界、融合、协作成为新趋势，大学生不仅要在各自领域具备精深的专业能力，还要在团队协作中具备卓越的领导力，把志同道合的团队成员聚集在一起，为实现共同愿景不懈努力。青年兴则国家兴，青年强则国家强。今天的中国已经走在世界的前列，在很多领域开始引领世界发展，每位大学生都应当主动承担为实现中华民族伟大复兴的中国梦，为世界发展进步和人类文明幸福做出贡献。要扛起这份责任，大学生不仅需要知识、技术、毅力，更需要团结、协作、创新，这些都是本书阐述的关于领导力的重要内容。

在领导力作用过程中，大学生要遵循认知、信任、创造、激发、行动、坚持等传导过程，并在不断地循环中实现领导力的传导。

（一）认知情境，洞察先机

"认知情境，洞察先机"在领导力构成要素中属于认知力。认知力包括判断力、洞察力、远见力、学习力、专家力、系统思考等。在领导过程中，认知情境是领导力产生作用的前提条件。认知情境是运用自身的先验知识对面临的各种复杂情况的认识，是对周围各种信息的获取、洞悉、理解和判断。正是有了对组织成员、组织情境及外部环境等各种因素的认知，领导者才能把握成员的需求、情境的特点及外界变化规律，才能更好地创建符合成员期盼、符合组织情境特征、适应环境变化的组织愿景。只有这样的组织愿景才能对组织成员产生吸引力，才是可实现的，才是经得起时间检验的。只有充分认知情境，掌握足够的信息，才有可能提高领导者和组织成员之间的信任，找到激发组织成员的关键，使其更好地转化为组织行动，领导者和组织成员才能更加坚定实现愿景的信念。

（二）传播魅力，连接信任

"传播魅力，连接信任"在领导力构成要素中属于信任力，与"认知情境，洞察先机"一样处于领导力作用的外层，也是内层所有环节的基础。如果连接信任这一基础被破坏，那么内层的所有因素都会被动摇，这对领导力的破坏将是毁灭性的。认知情境和连接信任这两个环节就如同一个果实的壳，覆盖在领导力作用表面，既要承受内在和外在的压力和干扰，对领导力内层因素进行保护，也是内层因素发展的基础。信任是将领导者和追随者联结在一起的黏合剂。信任度是领导力水平的重要指标。信任是强求不得、购买不到的，是维持组织运转的润滑油。信任和领导力一样重要。

（三）创建愿景，凝心聚力

创建愿景是在认知情境和连接信任的基础上，为领导者和组织成员创造一个双方都愿意共同追求的梦想。创建愿景是领导者的职责，是领导力的直接体现。领导者要在充分把握组织成员价值观、思维方式、知识技能水平、群体心理的前提下，创造性地对未来愿景和梦想进行设计，使之与组织成员内心的期盼和向往紧密契合；通过创造新的组合方式对现有资源进行重新整合，创造新愿景激发组织成员的新能量、新价值；在对各种内部和外部因素的变化保持敏感的基础上，用恰当的方式把这些变化与组织现实连接在一起，通过创建新愿景为组织发展构建新视角，发现新问题，找到新方法，用新愿景引领组织变革、员工转变、系统更新，极大地激发和释放出组织的整体活力。

创建愿景就是一个把各种各样的期盼和向往、预测和方案组合成一个简单明了、鼓舞人心、清晰明确的未来愿景的过程。这也是充分体现领导者创造力的环节。组织的未来在很大程度上是可以创造或者设计的，领导者可以通过自己构筑的愿景来塑造组织的未来。只有具有吸引力的愿景，才能凝聚组织成员的思想和力量，否则组织成员找不到前进的方向，行动中必然无法全力以赴。领导者和组织成员对愿景的热切程度不足，必然无法坚持下去，无法保持足够的定力，组织将会成为一盘散沙。

（四）赋予意义，激发动力

"赋予意义，激发动力"是领导力作用过程中实现创造性转化、创新性转换的关键。愿景和梦想通常比较长远，因此，领导者必须界定愿景对每一个组织成员的特定意义，使组织成员能够真正理解、接受、认同，并把自己融入实现愿景的过程中，进而产生自豪感、使命感，产生强大动力和满腔热情。只有创造性地激发出组织成员的动力，才能经由组织成员行动产生成果，才能持续地推动组织发展，才能把组织愿景与个人梦想紧密地连接在一起。

（五）构建体系，协调行动

"构建体系，协调行动"是实现领导力作用过程的重要载体。通过构建体系，协调行动，把组织成员被激发出来的动力转化为实际成就。其中，成就是愿景在结果层面的体现，是实现愿景的一部分；行动是组织成员动力激发程度的直接体现，是对认知情境、双方信任程度的响应，是领导力作用过程所有构成要素作用结果的体现。领导者不仅要为组织确定愿景，还要将愿景成功地传达给组织成员，并将其制度化、体系化、结构化，使其成为组织的指导思想，最后落实到行动上。领导者必须秉持这一基本理念："我们已经看到这个组织可以变成什么样子，也知道这个愿景将带来怎样的成果，现在我们必须行动起来，将它变成现实。"领导者要将愿景与目标转化为执行体系与执行结构，确保愿景与目标能够制度化、体系化、结构化。

（六）实现成就，持续进化

"实现成就，持续进化"是领导力作用过程的重要保障。任何美好的愿景和梦想，不仅需要组织成员的共同行动，还需要长期艰苦卓绝的不懈努力，只有坚持到最后才能收获成功。而要坚定不移地执行下去，需要领导者和组织成员对各方面的环境因素有深刻认知，还需要组织内部的相互信任，更需要领导者和组织成员对未来愿景充满信心，对实现愿景充满热情，愿意把自己的智慧和汗水付诸实现梦想的行动。领导者还要善于化解执行过程中的各种冲突和矛盾，使组织成员步调一致，干劲十足。

领导者和组织成员之间"认知情境""连接信任"两个环节处于双方

互动影响的外层，容易受到组织和组织以外情境因素的干扰和影响。如果外层因素发生变化，就会直接影响内层的"创建愿景""激发动力""协调行动""持续进化"四个环节的稳定性；反过来，如果内层因素稳定性增强，就会增加外层因素（"认知情境""连接信任"）的抗干扰能力。

另外，领导者和成员之间"认知情境""连接信任"两个环节指的是领导者与组织成员两个主体同时进行认知和产生信任，这种同时发生的情境是互动影响的结果，也是互为因果的，双方的认知结果、信任结果基于自己从对方和内外情境中所获得的互动知识和判断，这种判断所显露出来的情绪、语言、行为构成对方感知的情境因素。因此，领导力是在双方当下感知中的一种互动影响，是动态的、循环的、复杂的。

参考文献

［1］杨永伟，高朝盼，魏金占，等．基于创新能力核心要义的中国大学生创新能力培养策略［J］．创新与创业教育，2022（06）：40-45.

［2］高子涵．新时代大学生领导力素养提升路径研究［J］．教书育人（高教论坛），2022（36）：67-71.

［3］王铮．高校大学生领导力的培养困境与突破路径［J］．领导科学，2022（09）：107-111.

［4］李继．大学生领导力培养融入高校英语课堂教学的策略研究［J］．海外英语，2022（13）：90-91+94.

［5］陶丹．我国高校大学生领导力培养研究［J］．公关世界，2022（10）：34-36.

［6］刘芳，张元鑫．近40年来国内外大学生领导力研究综述［J］．成都师范学院学报，2022，38（03）：23-29.

［7］文馨晨，陈功，郑伟民．大学生领导力认识误区辨析［J］．湖南工业职业技术学院学报，2022，22（01）：49-51+70.

［8］徐芃，熊泽蔚，熊健．大学生领导力水平的言语产出流量检测［J］．数理统计与管理，2021：1-13.

［9］牛宗岭．科技创新背景下新时代高校大学生领导力教育研究［J］．中共郑州市委党校学报，2021（04）：99-102.

［10］姜婷婷，甘雪红．大学生领导力培养策略［J］．合作经济与科技，2021（15）：88-89.

［11］刘媛．大学生领导力现状及培养路径探寻——以H大学为例［J］．科教导刊，2021（17）：179-182.

［12］刘厚余，杨国欣．合作学习在大学生领导力培养中的价值研究［J］．河南教育（高等教育），2021（04）：18-19.

［13］罗娟. 新时代中国大学生领导力培育问题研究［D］. 南京师范大学, 2021.

［14］沈欣怡. 大学生社会实践活动中的领导力培养研究［J］. 黑龙江科学, 2021, 12（05）: 158-161.

［15］赵宗辉, 杨国欣. 大学生领导力培养的现状、问题及策略探析［J］. 河南教育（高等教育）, 2021（02）: 18-19.

［16］胡伟, 沈萍, 罗丹萍. 新时代高校大学生领导力培养的途径及意义［J］. 中外企业文化, 2020（11）: 185-186.

［17］晁玉方. 大学生领导力教育的困境与未来发展［J］. 高教学刊, 2020（26）: 41-43.

［18］杨海燕. 新时代大学生领导力构成及提升研究［D］. 中共中央党校, 2020.

［19］傅剑波, 王东. 大学生领导力特征、构成要素及提升路径［J］. 智库时代, 2020（01）: 108-109.

［20］于磊, 徐凤姣, 纪坤. 大学生领导力内涵及提升对策研究［J］. 中国管理信息化, 2019, 22（23）: 190-192.

［21］李文华. 大学生领导力及其影响因素研究［D］. 天津大学, 2019.

［22］李月娥, 刘伟. 优秀传统文化视域下新时代大学生领导力培育研究［J］. 泰山学院学报, 2019, 41（01）: 137-143.

［23］曾弘扬. 职业生涯规划活动对大学生领导力的影响研究［J］. 西部素质教育, 2018, 4（20）: 59-60.

［24］仇心乐. 新时代大学生领导力培养研究［J］. 中国集体经济, 2018（30）: 152-154.

［25］孙杰, 宋丽娜. 国内大学生领导力教育的理论与实践探索［J］. 教育教学论坛, 2018（38）: 3-4.

［26］皮利莎. 大学生领导力影响因素实证研究［J］. 智库时代, 2018（35）: 157+201.

［27］郝萌. 当前大学生领导力教育的价值取向分析［J］. 明日风

尚，2018（13）：207.

［28］庄海刚．大学生领导力研究进展的元分析［J］．唐山师范学院学报，2018，40（03）：113-117.

［29］周海波．大学生领导力实践育人培养路径探索——以工作室为例［J］．改革与开放，2018（09）：134-135.

［30］孙立，周蓉．基于教练技术方法的大学生领导力教育研究［J］．上海理工大学学报（社会科学版），2018，40（01）：62-65+71.

［31］王琴．女大学生领导力教育的发展路径探析［J］．山东女子学院学报，2018（02）：87-91.

［32］贾瑞，张鹏年．新时期大学生领导力培养策略探讨［J］．科教文汇（下旬刊），2018（01）：141-142.

［33］颜东，覃永华．大学生领导力教育：内涵、要义与培养途径［J］．黑龙江工业学院学报（综合版），2017，17（10）：29-33.

［34］张成．当代大学生领导力培养的现状与发展途径探析［J］．现代商贸工业，2017（27）：158-159.

［35］史珠子．大学生领导力培养对就业提升的影响研究［J］．太原城市职业技术学院学报，2017（07）：35-36.

［36］胡新桥．基于五力模型的大学生领导力培养探索［J］．湖北工程学院学报，2017，37（04）：66-69.

［37］闫盼．大学生领导力的差异特征及影响因素研究［D］．华东师范大学，2017.

［38］杨莹莹．大学生领导力教育研究［D］．黑龙江大学，2017.

［39］张俊芳．大学生领导力教育问题分析及策略研究［J］．赤子（下旬），2017（03）：138.

［40］芮靖．大学生教育中的领导力的培养策略研究［J］．明日风尚，2017（05）：254.

［41］于淼，武剑，秦淼．理工科大学生领导力培养浅谈［J］．中国校外教育，2017（03）：13+15.

［42］史煜娟，王妍，孙建博．大学生创新创业主体的博弈与协同分

析——以甘肃省为例［J］. 人才资源开发，2023（01）：46-49.

［43］钟海玲，李善晓，苏深惯. 党的十八大以来大学生思想政治教育质量提升研究述评——基于CNKI（2012—2021年）的文献计量分析［J］. 才智，2023（02）：13-16.

［44］陈宗章. 网络思想政治教育载体的创新发展［J］. 重庆邮电大学学报（社会科学版），2023：1-12.

［45］付得利. 伟大建党精神融入大学生理想信念教育的路径构想［J］. 长江师范学院学报，2023（02）：1-10.

［46］杨玉孟，康憧塑，张旭东. 大学生生命愿景与学业挫折感的相关研究［J］. 西部素质教育，2022，8（24）：178-181.

［47］姚则会. 大学生自我管理：目标愿景、体系建构与路径选择［J］. 齐齐哈尔大学学报（哲学社会科学版），2022（09）：156-160.

［48］司徒宝莹，吴敏茹，张旭东. 大学生生命愿景对核心素养的影响：人生意义、手机依赖的中介作用［J］. 中国健康心理学杂志，2022，30（01）：106-112.

［49］张虎龄，傅振星. 大学生创新创业认知行为模式研究［J］. 科技和产业，2022，22（11）：158-162.

［50］李富民，姜涛，何璐. 当代大学生信任结构及其影响因素［J］. 学园，2022，15（24）：72-74.

［51］付静蕾，陈红艳. 大学生核心自我评价与人际信任的关系研究［J］. 科教文汇，2022（16）：36-38.